KB119966

기후기술의 시대

기후 위기가 재편한 새로운 부의 기회

기후기술의 시대

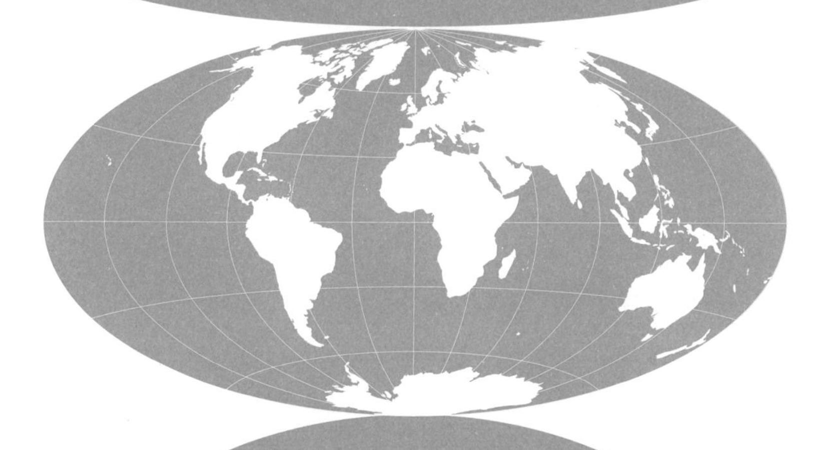

문승희 지음

Environmental, Social and Governance

Voluntary Carbon Market

Climate Crisis

Carbon Zero

Net Zero

위즈덤하우스

시작하며

매일의 날씨 변화가 쌓여, 기온, 비, 눈, 바람 등의 평균의 상태를 나타내는 '기후'가 만들어진다.

뉴스로 듣는 지구촌 곳곳의 소식은 기후 변화를 넘어 기후 재앙의 무서움을 느끼게 한다. 다행히 한국은 아직 홍수로 전국이 물바다가 되거나 폭염, 폭우, 폭설 등으로 거리를 걸어 다니기 힘든 극한의 기후가 아니다. 하지만 점점 길어지는 여름과 겨울, 잠시 스쳐 지나가는 계절이 된 봄과 가을을 보내며, 더 이상 기후 문제를 외면할 수 없게 되었다. 기후 변화로 인한 재난과 일상의 불편은 우리가 인지하는 '현재의 어려움'이지만, 자원의 무기화, 탄소세 등 새로운 무역장벽은 머지않은 '미래의 어려움'으로 확실해지고 있다.

내가 현재 근무하는 기업은 국가의 2050년 넷제로Net Zero 달성 목표보다 10년을 더 앞당겨, 2040년 넷제로 달성을 선언했다. 넷제로란 온실가스•의 배출량과 흡수량을 같게 해 순Net 배출을 0Zero으로 만드

• 적외선 복사열을 흡수하거나 재방출하여 지구에 온실효과를 유발하는 대기 중의 가스 상태 물질.

는 것이다. 온실가스 배출이 많은 제조업과 에너지 관련 사업을 펼치는 기업으로서는 달성하기 무척 힘든 목표지만, 넷제로를 적극적으로 실행한다는 의지를 대내외적으로 선언한 것이다. 이처럼 급격한 기후 변화에서 신사업을 검토하고 신규 비즈니스 모델을 개발하는 데 있어 넷제로는 최우선 키워드가 되었다.

전 세계는 현재의 어려움과 미래의 어려움을 해결하는 실마리를 '기후 변화 → 기후 위기 → 넷제로를 달성하는 여정'에서 찾고 있다. 이때 '기후기술Climate Technology'을 통해 신사업 추진을 위한 영감과 힌트를 얻고, 현재 사업에서 넷제로 달성을 향한 '순조로운 전환Smooth Transition'에 기여할 수 있기를 바란다.

여기서 말하는 '전환'이란 기후 관련 활동 가운데 화석 연료에서 신재생에너지로의 전환, 친환경 기술의 도입, 탄소중립화 및 지속 가능한 생활 방식의 채택과 같은 변화 과정을 가리킨다. 이는 기후 위기에 대응하고 탄소 배출을 줄이는 데 중요한 역할을 한다.

그러나 나는 이와 관련된 일을 하면서 어디서부터 조언을 얻고 어떻게 시작해야 할지 모르겠다는 막연함을 종종 느꼈다. 기후 변화를 늦추려는 다양한 시도와 움직임, 기후기술의 사례는 많이 공유되고 있지만, 기후기술이 무엇인지 정확하게 정의하고 각 세부 분야의 체계적인 정리, 사례, 투자 현황 등에 대한 맥을 짚으면서 인사이트를 얻을 수 있다면 좋겠다는 생각을 해왔다.

넷제로의 긴 여정을 시작한 기업의 CEO, 업무 담당자, 신사업을 추진하고자 하는 창업가, 기후기술 투자를 고려하는 기업, 개인에게 도움이 되는 내용을 나누고자 이 책을 썼다. 이 책을 통해 미래의 어려움을 직접적으로 해결하는 기후기술에 이목을 집중시키고, 새롭게 재편되는 경제 질서 속에서 지속적 성장과 새로운 기회를 모색하는 논의를 이끌어내고 싶다.

이 책은 다음과 같은 이슈를 다룰 것이다.

- 기후기술은 정확히 무엇이고 기후기술의 분류 체계, 사례는 어디서 확인할 수 있을까?
- 넷제로에 대한 관심이 커진 요즘, 넷제로를 위해 지금 당장 산업에 적용할 수 있는 기술은 무엇일까?
- 현재 가장 관심이 모이고 발전하고 있는 기후기술은 무엇일까?
- 기후기술과 관련하여 펀딩은 어떻게 이루어지고 있으며, 즉 투자 현황은 어떠하며 이러한 투자를 무엇이라고 지칭할까?
- 기후기술에 대한 다양한 연구와 투자가 이루어지는 싱크탱크Think Tank로는 어떤 곳들이 있을까?
- 자발적 탄소 감축 시장Voluntary Carbon Market, VCM의 성장에 기후기술은 어떤 도움이 되며, 온실가스 감축에 기여하는 가치는 어떻게 인정받을까?
- 넷제로를 향한 여정은 무엇을 시사할까?
- 기후기술로 어떤 혁신과 미래가 도래할까?

기후 위기를 '비용이 늘어나는 문제', '중요하지만 아직 시급하지 않은 이슈', '경영 환경을 위협하는 리스크 요소'로만 인식하는 경우가 많다. 그러나 ESG Environmental, Social and Governance(환경 · 사회 · 기업 지배구조) 공시 의무화, 공급망 실사법 등의 제도가 촉발한 기업 환경 변화는 선제적으로 대응하는 기업에게 새로운 기회와 혁신의 장이 되었다.

이 책이 기후 변화 및 기후 위기를 해결하려는 다양한 시도에 도움이 되기를 희망한다. 또 넷제로 관련 사업을 이어가며 축적한 인사이트와 경험을 지속적으로 전할 수 있기를 바란다.

차 례

제1장

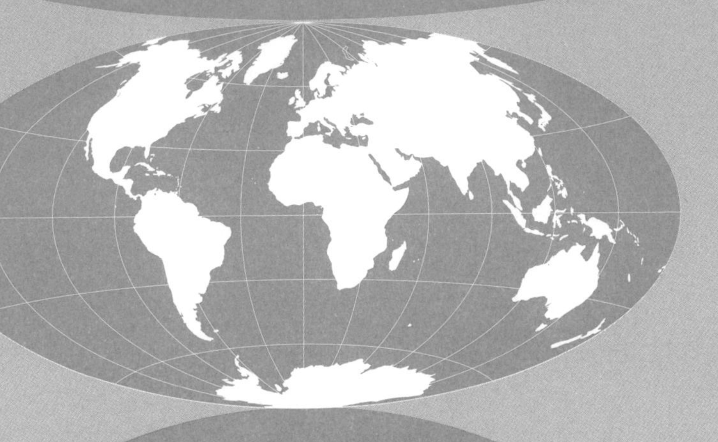

탄소중립을 넘어 넷제로를 향해: 기후 위기가 가져온 삶의 변화

지구온난화가 가속되며
기후 변화는 반드시 해결해야 할
시급한 과제로 대두되었다.
그리고 이 과제를 해결하기 위해
기후기술이 등장했다.
기후기술이란 기후와 기술 의 합성어로
기후 위기와 관련한
문제를 해결하는 동시에
수익을 창출하는 기술을 뜻한다.

산업화 이후, 인류의 적극적인 생산 활동으로 생성된 다양한 온실가스로 지구온난화가 가속화되고 기후 변화가 촉발되었다. 이제 그 변화를 늦추기 위해 기후기술을 통한 다양하고 의미 있는 시도가 일어나고 있다.

기후기술이란 기후와 기술의 합성어로, 온실가스 감축mitigation 과 기후 적응adaptation 에 기여함과 동시에 수익을 창출하는 모든 혁신 기술을 의미한다.[1] 더 이상 되돌릴 수 없는 기후 위기에 대한 전 세계적인 관심은 온실가스를 실질적으로 감축하고, 각종 기후 정책과 경제 구조를 개편하고, 에너지 효율을 극대화하는 변화로 이어지고 있다.

기후 변화의 가장 큰 원인

우리의 삶에 필요한 전기, 재화, 서비스 등 모든 것은 온실가스 배출과 연관되어 있다.[2]

온실가스 배출로 인한 지구온난화는 기후 변화를 촉발하는 가장 큰 원인으로 꼽힌다. 그리고 인간이 유발한 기후 변화는 이미 전 세계 모든 지역의 이상 기후에 영향을 미치고 있다. 따라서 이제는 경제적 성장의 측면을 강조한 논리에서 지속 가능한 삶으로 가기 위한 논리로 입장을 바꿔서 생각하고 행동해야 한다.

AR5Fifth Assessment Report (IPCC의 2014년 제5차 평가 보고서)는 폭염, 집중호우, 가뭄, 열대성 저기압과 같은 극한 상황에서 관찰된 변화의 증거로 볼 때 인간의 활동이 배출한 온실가스가 촉발한 지구온난화의 영향이 크다는 점을 강조했다. 참고로 IPCC Intergovernmental Panel on Climate Change 란 기후 변화의 과학적 규명을 위해 세계기상기구 World Meteorological Organization, WMO 와 UN환경계획 World Meteorological Organization, UNEP 이 1988년 공동으로 설립한 국제 협의체다.

온실가스 배출원은 에너지, 산업 공정, 농업, 폐기물 등으로 구분되는데, 전 세계적으로 주된 배출원은 에너지 부문이다. 에너지 부문에서 배출되는 온실가스는 총 온실가스의 약 87%에 달한다.[3]

한국의 상황도 크게 다르지 않다. 환경부가 2021년 제공한 국가 온실가스 배출량 정보를 보면, 에너지 분야가 5억 9060만 톤으로 86.9%

[그림1] 2021년 분야별 온실가스 배출 비중

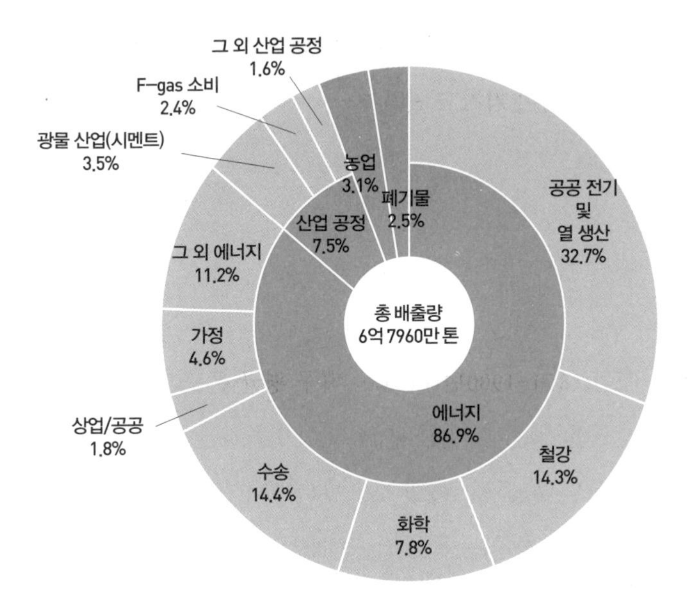

* 출처: 환경부, 온실가스종합정보센터, 2021년 국가 온실가스 잠정배출량 공개(http://www.me.go.kr/home/web/board/read.do?boardMasterId=1&boardId=1533570&menuId=10525)

를 차지했다. 또 산업 공정 7.5%(5100만 톤), 농업 3.1%(2120만 톤), 폐기물 분야가 2.5%(1680만 톤) 순으로 뒤를 이었다.

한국은 2018년 기준 이산화탄소 배출량 세계 7위, 2017년 기준 온실가스 배출량은 OECD 국가 중 4위, 10년간 증가율로는 2위를 기록하며, 몇 년째 기후 악당* 국가로 선정되어왔다. 한국은 2021년 경제 규모 세계 10위를 기록했고 주요 20개국G20에 속하며 국제 사회에서 존재감을 키웠다. 그만큼 기후 위기에 대한 한국의 책임에 대해서도 국제 사회의 관심이 커지고 있다.

지구온난화의 영향과 피해

산업화 이전(1850~1900년대) 대비 지구 평균 온도가 1.5~2℃ 이상 상승하면 인류 생존과 직결되는 심각한 변화가 일어난다. 2018년 IPCC의 〈지구온난화 1.5℃ 특별 보고서〉에서 1.5℃와 2℃라는 작은 차이가 인류에게 초래하는 현상을 구체적으로 살펴볼 수 있다. 생태계의 변화가 심각해지고, 생물종에 따른 서식지 멸종으로 식량 위기가 일어나고, 빈곤 취약 인구 증가로 사회적 위험이 증가하는 등 기후 재난으로 인류의 지속 가능한 삶이 더 이상 유지될 수 없다는 위기감이 몰려오고 있다.

지구 평균 온도를 1.5℃ 상승한다고 가정하는 까닭은 무엇일까? 이는 기후 변화의 영향에서 인간과 생태계가 어느 정도 감수할 수 있고 최소한의 타협점을 찾아볼 수 있는 마지노선이다. 그리고 2℃가 상승

* 기후행동네트워크Climate Action Network, CAN가 기후 위기 대응에 가장 악영향을 미치는 기후 악당 국가를 선정하여 발표한다.

[표1] 지구 평균 온도 1.5℃와 2℃ 상승 시 주요 영향 비교

구분	1.5℃	2℃	비고
고유 생태계 및 인간계	높은 위험	매우 높은 위험	
중위도 폭염일 온도	3℃ 상승	4℃ 상승	
고위도 극한일 온도	4.5℃ 상승	6℃ 상승	
산호 소멸	70~90%	99% 이상	
기후 영향, 빈곤 취약 인구	2℃ 온난화에서 2050년까지 최대 수억 명 증가		
물 부족 인구	2℃에서 최대 50% 증가		
그 외	평균 온도 상승(대부분의 지역), 극한 고온(거주지역 대부분), 호우 및 가뭄 증가(일부 지역)		
육상 생태계	중간 위험	높은 위험	
서식지 절반 이상이 감소될 비율	곤충 6%, 식물 8%, 척추동물 4%	곤충 18%, 식물 17%, 척추동물 8%	2℃에서 2배
다른 유형의 생태계로 전환되는 면적	6.5%	13.0%	2℃에서 2배
대규모 특이 현상	중간 위험	중간-높은 위험	
해수면 상승	0.26~0.77미터	0.30~0.93미터	약 10센티미터 차이, 인구 1000만 명이 해수면 상승 위험에서 벗어남
북극 해빙 완전 소멸 빈도	100년에 한 번 (복원 가능)	10년에 한 번 (복원 어려움)	1.5℃ 초과 시 남극 해빙 및 그린란드 빙상 손실

* 이 외 극한 기상, 해양 산성화, 생물다양성, 보건, 곡물 수확량, 어획량, 경제 성장 등에 관련된 위험 모두 1.5℃보다 2℃ 온난화에서 높음(수치적으로 제시되어 있지 않음).

* 출처: IPCC 〈지구온난화 1.5℃ 특별 보고서〉(2018), 기후변화홍보포털 요약본 참고(https://www.gihoo.or.kr/portal/kr/community/data_view.do?p=1&idx=18546&column=&groupname=data&groupid=&f=1&q=)

하는 순간 회복 불가능한 상태가 된다. 생태계 파괴로 생물다양성이 실종되고, 극단적인 날씨(폭염, 홍수, 가뭄 등)가 일상화되고, 해수면의 급격한 상승으로 생활 터전이 없어지고, 삶의 불안정성이 빠르게 높아진다.

나아가 기후 변화가 가져오는 경제지표 측면에서의 피해 비용을 살펴보면, 적극적인 탄소중립을 위해 노력했을 때와 현재의 배출량을 유지했을 때의 피해 규모의 차이가 매우 크다.

기후 변화에 따른 재무적 위험은 기업과 개인 등 경제 주체와 시장에 어떠한 영향을 미칠까? [그림2]의 기후 관련 재무적 위험의 전이transition는 기후 변화가 기업, 가계 및 금융 시스템에 미치는 영향을 설명하는 중요한 개념이다. 이를 살펴보면 기후 위험은 경제적 손실, 자본 시장의 리스크 증대로 이어지고, 자연재해와 기후 관련 손해에 대한 보험 손실 증가에 따른 보험업의 변화를 비롯해 금융 시스템 전반에 영향을 미친다. 한편 기업 및 금융기관은 지속 가능한 투자와 ESG에 대한 투자를 더 적극적으로 추구하게 되어, 재무적 위험을 관리하는 동시에 사회적, 환경적 가치를 창출하는 변화가 필요해진다.

이처럼 기후 변화가 초래한 물리적 위협(폭염, 홍수, 산불 등)이 미시경제, 즉 개별 기업과 가계에 미치는 영향과 거시경제, 즉 자본 가치, 생산성, 국제 교역, 금리, 환율에 미치는 영향으로 위험이 전이되면서 글로벌 경제·금융 시스템까지 영향을 받는다. 결국 기후 변화는 시장 전반적인 성장과 운영, 안정성 등에 위협 요소가 되고, 각국의 GDP에

[그림2] 기후 관련 재무적 위험의 전이 채널

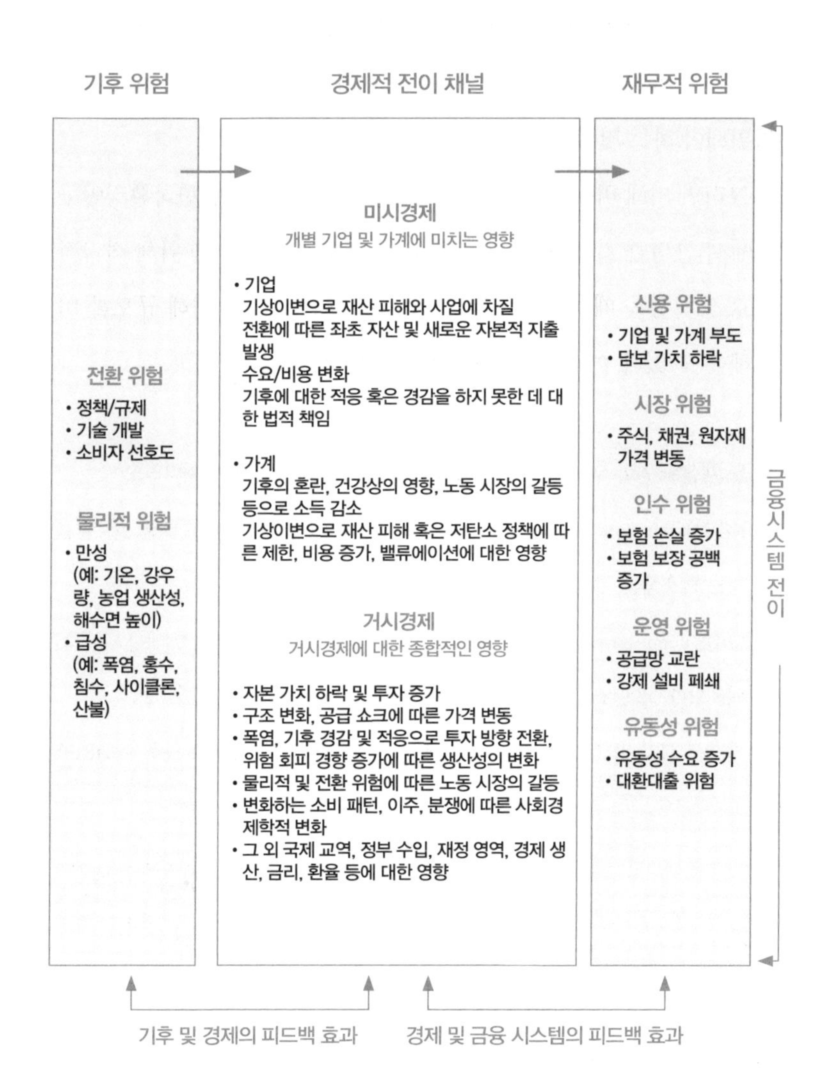

* 출처: TCFD, "Task Force on Climate-related Financial Disclosures Guidance on Scenario Analysis for Non-Financial Companies", 2020.10.

피해를 주며, 피해 규모는 피부로 와닿을 정도가 된다. 기후 위험이 경제주체와 시장에 악영향을 미치고 지속 가능한 삶이 어려워지는 것과 더불어 높아진 비용으로 이전과는 비교할 수 없이 낮은 수준의 삶을 영위해야 하는 것이다.

그러면 피해 비용 산정을 위한 시나리오를 알아보자. 한국환경연구원에서 산정한 기후 변화 피해 비용[4]을 통해 탄소중립을 위해 적극적으로 노력했을 때와 현재의 배출량을 유지했을 때의 피해 규모를 비교해볼 수 있다. 여기에는 4가지 시나리오가 있다.

- **노 액션No Action 시나리오: 전 세계가 감축 노력을 하지 않는 시나리오**
- **NDC Nationally Determined Contribution• 시나리오: 2050년 순배출 0을 달성하는 탄소중립 시나리오**
- **LEDS Long-term low greenhouse gas Emission Development Strategies••시나리오(2℃): 탄소중립 배출 경로(2℃)에 따른 감축 노력 시나리오**
- **넷제로 시나리오(1.5℃): 탄소중립 배출 경로(1.5℃)에 따른 감축 노력 시나리오**

• 2015년 파리협정에서, 각 당사국이 감축, 적응, 재원, 기술, 역량 배양, 투명성 등 분야에서 취할 노력을 스스로 결정하여 제출한 목표를 의미한다. 각 당사국은 감축 목표를 지속적, 점진적으로 강화하며, 5년마다 종합적 이행 상황을 점검하고, 차기 NDC는 이전 NDC보다 강화되어야 한다는 진전 원칙에 따라 감축 노력을 기울이게 된다.

•• 장기 저탄소 발전 전략. 2015년 파리협약 당시 모든 당사국에게 제출을 요구한 중장기 탄소 감축 전략으로, 2050년까지 탄소중립을 달성하기 위한 장기 비전과 국가 전략을 제시한다. 한국은 2020년 12월 제출했으며, 5대 기본 방향으로 전기, 수소 활용 확대, 디지털 기술 연계를 통한 에너지 효율 향상, 탈탄소 기술 개발 및 상용화, 순환 경제 이행, 자연, 생태 탄소 흡수 기능 강화 등을 담았다. (CSES, 〈ESG 경영 실무를 위한 ESG Handbook Environmental〉)

[그림3] 전 세계 기후 변화 피해 비용과 한국 기후 변화 누적 피해액 추정

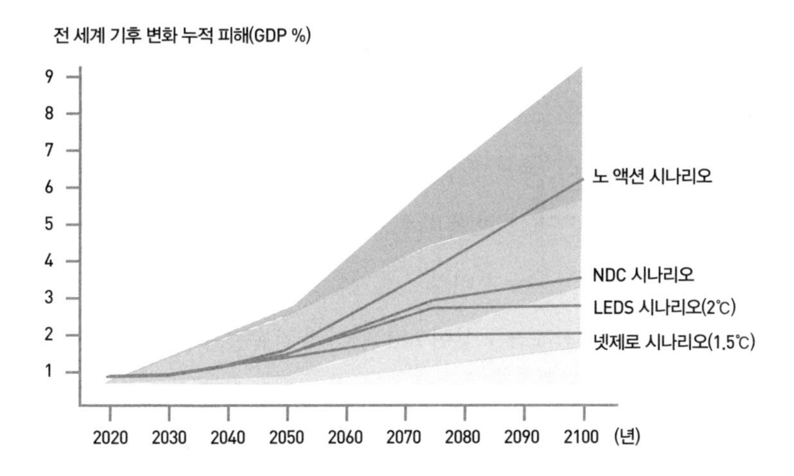

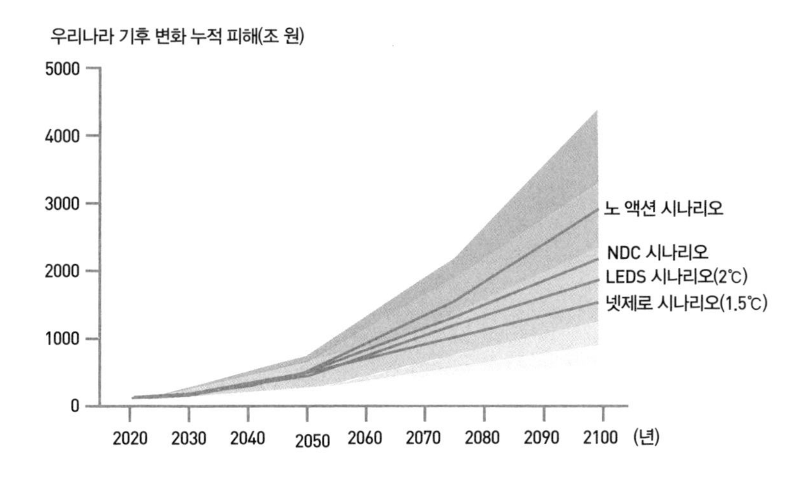

* 출처: KEI, 온실가스 배출경로에 따른 기후 변화 피해 비용 분석, 〈KEI 포커스〉, 2020년 제67호

현재 배출량을 그대로 유지하고 전 세계가 감축 노력을 하지 않았을 때(노 액션 시나리오) 2100년 기후 변화 피해 비용은 GDP의 6.0%로 예상된다. 지구의 평균 온도를 1.5℃ 이하로 낮추기 위해 온실가스 감축을 적극적으로 노력했을 경우(넷제로 시나리오) 1.9%가 될 것으로 예상된다. 한국의 피해액을 비교해보면, 노 액션 시나리오의 경우 3128조 원, 넷제로 시나리오의 경우 1667조 원으로 추산된다.

경제적 피해는 둘째로 치더라도 현재의 온실가스 배출량이 그대로 지속된다면, 우리가 누리는 삶이 2100년까지 지속될 수 있을지 의문이다. 지구온난화를 늦추는 활동을 하지 않는다면 더 이상 미래를 기약할 수 없다. 국가, 기업, 개인 모두의 계획과 실질적인 행동이 필요하다.

온실가스 감축을 위한 국제 사회의 협의

국제 사회가 탄소중립, 넷제로를 논하게 된 배경을 이해하기 위해 기후 변화 협약 추진 과정을 살펴보자.

1972년 스웨덴 스톡홀름 회의에서 발표된 '스톡홀름 인간 환경 선언Declaration on Human Environment'은 지구 환경 논의의 기본 지침이 되었다. 국제연합United Nations, UN이 1992년 리우 회의에서 채택한 '기후 변화 협약United Nations Framework Convention on Climate Change, UNFCCC'에 따라 선진국과 개발도상국이 '공동의 그러나 차별화된 책임Common but Differentiated Responsibilities'에 따라 각자의 능력에 맞게 온실가스를 감축할 것을 약속했다.

1997년에는 교토의정서를 채택하며 당사국•에게 구체적인 실천을 유도했다. 그러나 개발도상국은 온실가스 감축 의무를 지니지 않고 선진국의 의무적인 온실가스 감축 목표치에 대한 규정만 있어, 실효성 있는 논의와 적극적인 실천으로 이어지지 못했다.

긴 협의 끝에 선진국, 개발도상국 모두 참여하는 파리협정(2016년 11월 4일 발효)이 발표되었고, '신기후 체제Sustainable Development Mechanism, SDM••'에 대한 논의가 시작되었다. 파리협정에서는 산업화 이전 대비 지구 평균 상승 온도를 2℃보다 낮게 유지하는 것뿐만 아니라 1.5℃로 억제하기 위해 노력해야 함을 국제 사회에 요구한다. 더 나아가 국가 온실가스 감축 목표인 NDC를 5년마다 제출하고, 차기 NDC를 제출할 때는 기존에 제출했던 목표량에 비해 진전된 목표를 제시해야 한다는 내용을 담고 있다.

이러한 목표는 기후 위험을 감소시키고 지구 생태계 및 인간 사회에 미치는 영향을 최소화한다. 지구온난화의 속도는 점차 가속화되고 있어서 기존에 배출하던 양만큼 온실가스를 그대로 배출해서는 평균 상승 온도를 1.5℃ 이하로 낮추기가 사실상 불가능하다. 순배출 0의

• 기후 변화 협약에 가입한 국가.

•• 개발도상국뿐만 아니라 선진국을 포함한 모든 국가에서 시행한 탄소 감축 프로젝트의 배출량 감축 실적을 인정하는 제도.

상태, 즉 넷제로로 나아가야 한다. 그리고 전 세계가 지구의 온실가스를 더 이상 늘리지 않겠다는 도전적인 목표를 설정하고, 기후기술을 통한 다양한 노력을 강구하고 있다.

탄소중립과 넷제로는 뭐가 다를까?

탄소중립과 넷제로는 이름만 들으면 언뜻 비슷하게 느껴진다. 탄소중립과 넷제로의 정확한 의미와 차이를 이해하는 것은 기후기술 연구와 이를 적용한 사례를 이해하는 데 도움이 된다. 왜 다양한 온실가스 중에서도 탄소의 감축, 제거가 중요한지 살펴보고, 지구온난화에 영향을 미치는 여러 온실가스를 알아보자.

이를 이해하려면 우선 지구온난화 지수Global Warming Potential, GWP를 알아야 한다. GWP는 이산화탄소가 지구온난화에 미치는 영향을 기준으로 다른 온실가스가 지구온난화에 기여하는 정도를 나타낸다.

GWP는 대기 중 농도의 변화를 직접 측정하지 않고 서로 다른 기체의 상대적인 복사 흡수 능력을 측정하는 공통적인 수단으로, 방출 수준을 해석하는 지수다. 각각의 기체들을 기준이 되는 기체들과 비교했을 때 대기하층에서 성층권까지의 상대적 가열 척도로 표시한다.

GWP는 일정 기간 1kg의 온실가스가 야기하는 적외선 흡수 능력

[표2] 다양한 온실가스의 GWP와 주요 발생원, 배출량

온실가스	GWP_{100}SAR	GWP_{100}AR5	주요 발생원	배출량
이산화탄소	1	1	에너지 사용, 산림 벌채	77%
메탄	21	25	화석원료, 폐기물, 농업, 축산	14%
아산화질소	310	298	산업 공정, 비료 사용, 소각, 가축분뇨	8%
수소불화탄소	140~1만 1700	124~1만 4800	에어컨 냉매, 스프레이 분사체	1%
과불화탄소	6500~9200	7390~1만 2200	반도체 세정용	1%
육불화황	2만 3900	2만 2800	전기 절연용	1%

* 출처: IPCC SAR(1995년 제2차 평가 보고서), AR5(2014년 제5차 평가 보고서)

(가열효과)과 이산화탄소 1kg의 영향에 대한 비율로 측정한다.[5] IPCC에서 정기적으로 발간하는 보고서는 GWP를 지속적으로 확인하여 업데이트하고 있다. 일반적으로 100년을 기준으로 하며, 이산화탄소를 1이라고 했을 때 메탄 21, 아산화질소 310, 수소불화탄소 1300, 과불화탄소 7000, 육불화황 2만 3900 정도가 된다. SAR Second Assessment Report (IPCC 1995년 제2차 보고서) 대비 AR5의 GWP는 연구 시점의 기후 상황에 따라 변화되고 있다.

탄소중립은 지구에 배출되는 온실가스의 대부분을 차지하는 탄소의 순배출을 0으로 만드는 것이다. 그리고 넷제로는 적은 양으로도 온실효과에 강력한 힘을 더하는 온실가스의 순배출을 0으로 만들자는 움직임이다.• 즉, 탄소중립이 온실가스의 대부분을 차지하는 탄소 배출 감축에 중점을 두는 활동이라면, 넷제로는 적은 양이지만 강력하게 지구온난화에 영향을 미치는 여러 온실가스를 감축하겠다는 것을 의미한다.

'넷제로 2020, 2030, 2040, 2050…'을 선언하는 것은 해당 기한까지 더 넓은 범위의 온실가스를 더 많이 감축하겠다는 것을 전 세계에 공표하고, 이를 달성하도록 노력하겠다는 뜻이다. 국가별로 넷제로 달성 시기를 2050년으로 정하는 경우(유럽연합 European Union, EU, 미국, 일본, 한국 등)가 많으나, 실질적인 온실가스 감축을 독려하기 위해 산업별, 회사별로 넷제로 2040, 더 나아가 넷제로 2030을 선언하는 사례도 최근 들어 많이 등장하고 있다.

이때 단순히 선언에서 그치는 것이 아니라 넷제로를 달성할 수 있도록 책임감과 진정성 있는 실천이 필요하다. 자칫 잘못된 방향으로 넷제로를 달성하려는 움직임이 포착될 경우, 그린 워싱 Green Washing

• 1997년 제3차 기후 변화 협약 당사국총회에서 채택된 교토의정서에서 6개 온실가스인 이산화탄소, 메탄, 아산화질소, 수소불화탄소, 과불화탄소, 육불화황을 감축 대상으로 명문화했다. 최근에는 국제적으로 이산화탄소, 메탄, 아산화질소, 수소불화탄소, 과불화탄소, 육불화황, 삼불화질소라는 7개 물질을 대표적 온실가스로 정하고 있다. [국가지표체계(https://www.index.go.kr/unify/idx-info.do?idxCd=4288)]

[표3] 그린 워싱의 7가지 유형

구분	내용	사례
상충효과 감추기	친환경적 일부 속성에만 초점을 맞추어 다른 속성이 미치는 전체 환경에 미치는 여파를 숨기는 경우	환경에 미치는 영향을 고려하지 않고 제작한 재활용 종이
증거 불충분	증거가 불충분한 환경 정보를 주장하는 경우	뒷받침 정보나 제3자 인증 없이 '올 내추럴all natural'이라고 주장하는 샴푸
애매모호한 주장	문구의 정확한 의미 파악이 어려운 광범위한 용어를 사용하는 경우	'무독성non-toxic' 세제
관련 없는 주장	관련 없는 내용을 연결시켜 왜곡하는 경우	용기가 재활용된다는 것을 표시하면서 '그린green'이라는 용어 사용
거짓말	취득하지 못하거나 인증되지 않은 인증 마크를 사용하는 경우	
유해상품 정당화	친환경적 요소는 맞지만 환경에 새로운 상품에 적용해 본질을 속이는 경우	유기농 담배, 녹색 해충약
부적절한 라벨	인증서와 비슷한 이미지를 부착해 공인된 상품처럼 위장하는 경우	'유해물질 없음No bpa' 인증 마크를 흉내내 위장

* 출처: 〈미국 ESG 트렌드와 공급망에 주는 시사점〉, KOTRA, 2023.08.01.

논란이나 기후 소송, 국가와 기업의 신뢰도 하락으로 이어질 것이다.

여기서 잠깐, 그린 워싱이란 친환경을 의미하는 '그린green'과 세탁을 의미하는 '워싱washing'이 합쳐진 단어다. 친환경적이지 않은 것을 친환경적인 것처럼 속여 소비자를 호도하는 현상을 뜻한다. 2023년

7월 24일 블룸버그Bloomberg 보도에 따르면, 2022년 미국 ESG 관련 소송 3000건 중 그린 워싱·환경 관련 소송이 1467건으로 최대 비중을 차지했다.

이처럼 소비자가 주체적으로 기업의 그린 워싱 행태를 고발하는 사례가 빈번하게 발생하고 있으며, 투자자 역시 투자 대상 기업의 그린 워싱 여부를 정확히 식별하는 것에 집중하는 추세다. 넷제로 선언으로 기업 이미지 개선과 미래 세대를 겨냥한 진보적 이미지 부각만을 시도하는 것은 그린 워싱을 날카롭게 짚어내며 진정성을 요구하는 현재 세대의 니즈를 읽지 못하는 것이다. 기업 홍보를 위해 넷제로를 선언했다면 온실가스 감축과 제거 활동에 어느 정도 관심을 가지고 실질적으로 움직이고 있는지 다각도로 점검해야 한다.

전 세계의 기후 변화 대응 동향

2015년 체결되고 2016년 11월 발효된 파리협정을 계기로 선진국과 개발도상국을 포함한 모든 국가에 온실가스 감축 의무가 부여되고 국제적 압박이 커지고 있다. 기후 위기 대응을 위한 탄소중립은 국제 사회 협력 의제로 국가 경쟁력 및 국민의 삶과 직결되는 최상위 과제로 급부상하며, 2022년 12월까지 133개국이 탄소중립 선언을 했다. 전 세계 GDP의 91%, 배출량의 83%를 차지하는 거의 모든 국가가 탄소중립 선언에 참여한 것이다. 이 국가들은 각자 구체적인 법, 규제, 시행령 등으로 탄소중립을 위한 감축 목표와 제도를 구축하고 있다.

이러한 탄소세는 미국과 EU를 비롯한 전 세계 경제 대국들의 주도권 싸움을 일으켰다. 이들은 무역 장벽과 촘촘한 전략으로 기후 위기의 시대에서도 명민하게 대응했다.

여기서는 기업 전략에도 많은 부분 참고가 될 이들의 정책을 비교하고자 한다. 미국과 EU의 보조금 정책의 규제사항, 세제 혜택, 보조금 규모를 확인해 사업에 미치는 영향, 리스크, 기회요소를 전략에 적극 반영할 필요가 있다. 천문학적인 돈의 흐름을 읽고, 가장 먼저 제대로 준비한다면 이러한 변화는 분명 기회가 될 것이다.

2020년 3월 EU는 2050 탄소중립 선언과 함께 그린딜Green Deal 전략을 발표했다. 탄소중립 목표 달성을 위한 유럽기후법European Climate Law을 유럽의회에 제출하면서 이들은 명실상부한 탄소중립의 리더십을 확보했다. 에너지 소비 절감, 공급망 다변화, 재생에너지 보급 확대 등 지속 가능한 성장을 위한 변화를 모색하고 다양한 전략을 구체화하고 있다.

기후 위기와 관련하여 EU는 경제적 패권을 수성하고, 그들이 꿈꾸는 새로운 미래의 방향성을 탄소중립, 넷제로 전략으로 만들어가고 있다. 후발주자들이 탄소중립에 적극적으로 대응하고 준비하기 전에 EU가 이미 만들어놓은 운동장에 참여하는 체제를 구축하고자 매우 빠르게 전략을 추진하고 있다. 미래 성장의 축으로 탄소중립, 넷제로를 바라보고 있는 그들이 매우 명석해 보인다.

2021년 10월 미국도 2050 탄소중립 달성을 선언하고 그린뉴딜Green New Deal 전략을 발표했다. 이로써 SDM하에서도 리더십을 확보하기 위해 노력하고 있다. 미국은 경제 대국이자 전 세계에 미치는 영향이 매우 큰 국가이기 때문에 그들의 탄소중립을 위한 방향성, 규제, 입법 활동 등에 관심이 집중되었다.

미국은 중국에 이어 탄소 배출 세계 2위 국가다. 이러한 상황에서 미국 정부는 자국 기업에게 너무 급격한 변화와 부담을 지우지 않으면서도 탄소중립을 달성하기 위한 전략을 가열차게 수립하고 있다. 특히 인플레이션 감축법Inflation Reduction Act, IRA을 추진하여 에너지 안보 및 기후 변화 대응을 위해 3690억 달러를 투자하겠다고 발표하기도 했다.

EU는 친환경 산업의 EU 역내 생산 역량을 제고하는 그린딜 산업계획을 발표했다. 이 계획에서 규제 단순화, 재정지원 강화, 인력 육성 강화, 자유무역 및 협력을 통한 공급망 안정성 강화라는 4가지 추진 전략을 제시했다. 또 그에 대한 후속조치로 2023년 3월 핵심 원자재법Critical Raw Materials Act, CRMA과 탄소중립 산업법Net-Zero Industry Act, NZIA 초안을 발표하며, IRA의 대응책을 강구하고 있다.

2020년 7월 한국도 기후 변화 대응을 목표로 환경적 지속 가능성을 달성하겠다는 한국판 그린뉴딜을 발표했다. 온실가스 감축을 통한 기후 변화 문제를 해결하기 위한 다양한 활동을 진행하고 있다. 그러나

[그림4] 미국과 EU의 주요 보조금 정책 비교

미국	EU
IRA • 북미에서 최종 조립한 전기차에 최대 7500달러 세액 공제 • 친환경에너지 기술 유치에 3690억 달러 보조금 및 세제 혜택 제공 • 에너지 안보, 핵심 원료 산업(전기차, 배터리) 집중 육성, 재생에너지 투자 등	**NZIA** • 미 IRA에 대응 • 기후기술 투자지원 확대 • 청정에너지 신속허가 발급 등(대상원료, 가공/구성품 등에 CRMA 대상은 제외) • 녹색 산업 기업이 유럽에 투자하면 신속한 인허가 • 2030년까지 탄소중립 제조 역량을 수요의 40% 이상으로 높임
반도체 지원법 Chips Act • 미국에 투자한 반도체 기업에 보조금 지급 • 보조금 수령 후 10년간 우려국에서 반도체 생산 능력 '실질적 확장' 시 보조금 전액 반환 같은 조건 있음	**CRMA** • 유럽 핵심원자재위원회 신설 • 핵심 원자재 생산, 가공, 재활용 역량 강화, 공급망 다변화, 공급망 위기 대응 능력 강화 등(디지털 전환, 방위, 항공 우주, 재생에너지 등) • 역내에서 최소 10% 핵심 원자재 광물 채굴 • 필요한 전략 물자 수요의 최소 40% 역내 자체 처리 • 특정국의 핵심 원자재 수입 의존도 65% 이하로 다각화 • 핵심 원자재 연간 소비량의 최소 15% 재활용
	리파워EU RePowerEU • 2022년 5월 계획 발표 • 러시아 에너지 의존도 탈피, 에너지원 공급원 다각화 • 청정에너지 전환 가속화
	공급망 실사 지침 • 2023년 2월 확정 • 전 공급망의 파리협약과 EU 환경법 준수(2050 넷제로 달성 의무화)

* 출처: 〈한경ESG〉 기반 추가 사실 업데이트 (https://www.hankyung.com/economy article/202303225359i)

2021년 기준 전 세계 GDP 10위의 경제 선진국으로서 한국이 국제 사회의 요구에 대응하기 위해서는 체력을 길러야 할 부분이 많은 것이 현실이다.

기후 위기 대응과 친환경 에너지로의 전환 가속화, 새로운 무역 규제로 부상하는 탄소세와 같은 국제 이슈에 대응하고 탄소중립, 넷제로를 향한 실질적인 가이드를 제시하는 정부 차원의 강력한 컨트롤타워가 필요하다. 현재는 부처별로 각자의 현안에 집중하느라 전체적인 위기 사항을 인지하고 협력하기에 많은 어려움이 있다.

유럽과 미국이 넷제로 목표를 달성하기 위해 수립한 전략과 제도에서 우리는 무엇을 어떻게 준비해야 할지에 대한 인사이트를 얻었으면 한다. 기후, 에너지 위기에 관한 국제 동향을 살피고 적기에 종합적으로 대응하기 위해 국가 전체에 신속하고 강력한 사회적 경제적 패러다임의 전환이 필요하다.

유럽의 그린딜 기반 전략 및 주요 환경 규제 사항

2015년 파리협정 이후, 선진국, 개발도상국의 차이를 두지 않고 전 세계적으로 온실가스 감축을 위해 노력하는 SDM으로의 전환이 가속화되었다. 그러나 EU는 넷제로의 긴 여정에서 그들이 선점할 수 있는 분야에 후발주자들이 쉽게 넘어오지 못할 높은 벽을 쌓고 있다.

EU의 넷제로를 향한 연도별 행보는 다음과 같다.

- **2019년 12월: 2050년 탄소중립 달성을 위한 유럽그린딜** The European Green Deal **발표**
- **2020년 3월: 신순환 경제 실행 계획** New Circular Economy Action Plan **발표**
- **2021년 7월: 유럽기후법 채택, 온실가스 감축 입법 패키지 핏 포 55** Fit for 55* **발표**
- **2022년 5월: 친환경에너지 전환을 위한 리파워EU 발표**
- **2022년 6월: EU 배출권 거래 제도** EU Emissions Trading Scheme, EU ETS **개정안, 탄소 국경 조정 제도** Carbon Border Adjustment Mechanism, CBAM **법안 최종 승인 및 확정**
- **2023년 2월: 미국 IRA에 대응하는 그린딜 산업 계획 발표**
- **2023년 3월: CRMA, NZIA 초안 발표**

최근 가장 많이 논의되고 있는 CBAM은 EU에서 역내 기업 경쟁력 저하 방지를 위해 2021년 7월 도입된 제도다. 2022년 6월 EU 의회의 최종 승인을 통해 전환 기간(2023년 10월~2025년) 이후 2026년 본격 시행을 앞두고 있다.

CBAM은 EU 내 수입업체가 제품 생산국에서 지불하는 탄소 배출

* 2030년까지 1990년 대비 온실가스를 최소 55% 감축, 2050년까지 탄소중립 달성.

권 가격과 EU ETS에 따른 탄소 배출권 가격과의 차액만큼 CBAM 인증서 구매를 의무화하는 조치다.[6] 이는 규제가 강한 국가에서 상대적으로 규제가 덜한 국가로 탄소 배출량이 이전하는 탄소 유출Carbon Leakage 문제를 해결하기 위해 EU가 도입한 무역관세의 일종이다. EU에서 수입하는 탄소 집약제품(시멘트, 전기, 비료, 철강, 알루미늄, 수소 등)에 과세하며, 전환 기간에는 배출량 보고만 의무지만 2026년 이후 본격 시행하게 되면 배출량 보고와 동시에 CBAM 인증서 구매 의무가 생긴다. CBAM 인증서 가격은 EU-ETS에 연동할 예정이다.

2022년 EU 의회가 확정한 CBAM 법률안은 철강, 시멘트, 비료, 알루미늄, 전력 생산이라는 5개 분야뿐만 아니라 유기화학 물질, 플라스틱, 수소 및 암모니아도 포함한다. 또 제조업체가 사용하는 전력 생산에 수반되는 탄소 배출도 간접 배출로서 탄소 배출량에 포함하여 산정되도록 했다.

EU CBAM의 뉴노멀New Normal •이 전환 기간을 지나 본격 시행되는 2026년 이후에는 미국, 중국 등 경제대국의 전략에도 영향을 미치게 될 것이다.[7] 결국 전 세계가 탄소세를 반영한 무역 규제를 펼치게 될 것을 예상할 수 있다. 이러한 규제에 대응하려는 노력은 결국 제품 가격에 포함되어 가격을 상승시킨다.

EU CBAM과 같은 탄소세가 화두에 오르며, 전 과정 평가Life Cycle

• 사회적으로 새로운 기준이나 표준이 보편화되는 현상.

Assessment, LCA에 대한 관심이 커지고 있다.[•] 온실가스 발생량을 어떻게 정확히 측정할 것인지, 상쇄해야 하는 온실가스 감축량을 어떻게 확보할 것인지에 대한 논의와 시도가 활발히 일어나고 있다.

앞으로 기업은 무역 규제와 탄소세 같은 뉴노멀에 대응하는 비용을 상쇄할 수 있을 만큼 제품·서비스의 생산 비용을 절감하고, 기후기술을 활용해 탄소를 감축해야 한다. 또 적극적인 감축 활동으로 오프셋 배출권을 확보해야 한다.

글로벌 투자기관의 변화 동향

세계 최대 자산운용사 블랙록BlackRock의 주주 서한으로 촉발된 ESG 경영은 좌초 자산 투자 기피, 탄소 배출 저감 계획 공시 촉구, 지속가능한 발전에 대한 의지 표출로 투자의 흐름을 바꾸는 데 기여했다.

블랙록은 주주 서한에서 미래에 기업의 가치와 수익에 부정적인 영향을 미칠 수 있는 기후 관련 위험을 강조하고, 이에 대한 대비책을 통해 기업의 경쟁력을 높일 수 있음을 이야기했다. 이러한 기조에 따라

• 제품, 서비스 등 산업 활동이 일어나는 모든 단계, 즉 원료 채취, 가공, 조립, 수송, 사용, 폐기의 전체 과정에서 환경에 미치는 영향을 평가하는 방법. 제품 생산 및 유통 과정에서의 에너지 및 자원 사용을 파악하고, 이것이 환경에 주는 영향 및 잠재적 피해를 규명해 환경 피해를 최소화하도록 개선하기 위해 사용된다. (CSES, 〈ESG 경영 실무를 위한 ESG Handbook Environmental〉)

2022년 4월에 2050년 탄소중립 목표를 세운 기업에 대한 투자 비율을 2030년까지 75%로 끌어올린다고 선언하며[8] 투자 대상 기업에게 변화의 필요성을 강조했다.

블랙록은 현재 운용자산의 25%를 2050년 탄소중립 목표를 세운 곳에 투자하고 있다. 2022년 4월에 발표한 성명에서 블랙록은 "기후 위기와 관련해 미래 지향적인 입장을 취하는 투자자가 장기적으로 더 나은 재무 결과를 만들어낸다"라고 이야기했다.[9]

이러한 흐름은 골드만삭스Goldman Sachs 같은 초대형 자산운용사들이 화석연료 기업을 '손절'하고 태양광·풍력 등 재생에너지 기업 투자를 늘리는 효과를 가져왔고, 기후기술에 대한 대중의 관심을 높이는 계기가 되었다. 이제는 전통적인 벤처 캐피털 회사뿐만 아니라 정부 지원 자산운용사와 사모펀드 등이 참여하는 투자로도 이어지고 있다. PWC가 매년 발간하는 〈기후기술 현황 자료The State of Climate Tech 2020, 2021〉에 따르면, 45조 달러 이상의 운용자산AUM을 보유한 투자자들이 포트폴리오 탈탄소화부터 기후 리스크 공개 요구, 주주 레버리지 활용에 이르기까지 투자 전반에 걸쳐 기후 변화에 대해 적극적으로 관심을 보이고 있음을 확인할 수 있다.

이들이 투자하는 분야는 다양하다. 대표적으로 재생에너지(태양 및 풍력 발전소, 수력 에너지 프로젝트, 바이오매스 발전 등), 에너지 저장(에너지 저장 기술 및 배터리 기술), 탄소중립 및 탄소 포집, 스마트 그리드, 전력 관리 기술 및 대응 기술, 기후 조절 및 적응(기후 변화에 대응하기 위한 기술과 솔루션), 교통 및 이동성을 개선하는 기술, 농업 및 식량 생산, 환경 보전 및 지속 가능한 자원 관리를 위한 기술 등이 있다.

이러한 변화로 말미암아 앞으로 10년 동안 기후기술이 주류 투자자의 포트폴리오 구성, 기업 환경에 영향을 미치며 폭발적으로 성장할 것으로 예측된다. 또 2050년까지 100개 이상의 국가가 '온실가스 순배출 제로' 경제를 달성하기로 약속하면서 탄소 가격, 보조금, 표준, 규제, 공공 금융 메커니즘 및 녹색 인프라 투자를 포함한 정책 결정이 향후 몇 년 동안 신속하고 지속적으로 강화될 것으로 예상된다. 이에 따라 돈의 흐름을 잘 아는 글로벌 투자기관들이 가장 먼저 발 빠르게 움직이고 있다.

기후기술에 대한 수요가 더욱 커질수록 넷제로를 목표로 하는 산업의 인프라 전환이 가속화된다. 전 세계의 글로벌 기업, 투자자 그리고 정부는 넷제로를 위해 가치사슬, 지속 가능한 성장을 만드는 분야를 찾아보며 포트폴리오를 구성해 투자를 일으키고 성장의 기회를 찾고 있다. 바야흐로 기후기술의 시대가 도래한 것이다.

제2장

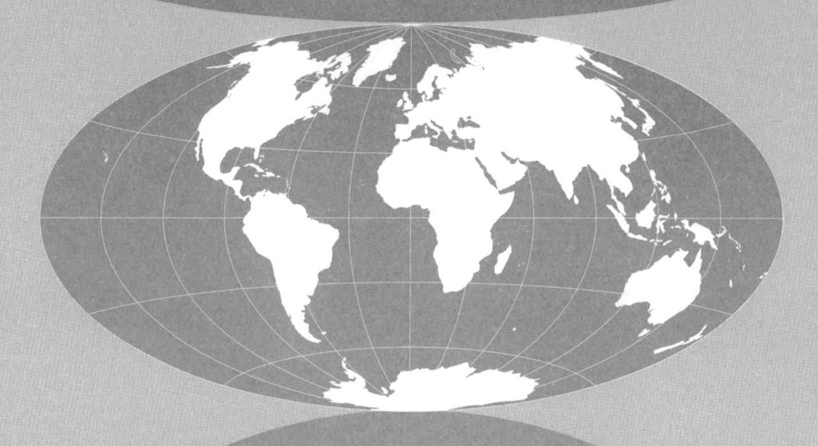

기후기술이란 무엇인가: 비슷하고도 다른 그 이름

파리협정에서 논의가 시작된 이래로
기후기술은 다양한 범위로 발전해왔다.
기후기술은 온실가스 감축과 적응에
국한된 것이 아니다.
기후 변화와 관련된 기술은
환경-경제-사회 요인을 기준으로
주로 환경에 관련된 영역에서
거듭 상세해지고 있다.

기후기술에 대한 논의는 SDM의 근간이 된 2015년 파리협정에서 시작되었다. 당사국들이 기술 개발 및 이전에 대한 협력을 강화해야 한다는 의무를 명시하고, 환경친화기술을 지속 가능한 발전의 이행 수단과 목표로 포함했다.

기후기술의 정확한 정의와 범위는 어떻게 되는지, 실제 우리의 입장에서 바로 적용하고 사업화할 수 있는 기술의 현황은 어떤지 살펴보면서 기후기술의 세계로 한발짝 다가가보자.

기후기술은 무엇인가?

2015년 UNFCCC는 기후기술을 '온실가스를 감축하거나 기후 변화에 적응하기 위한 어떠한 기기, 테크닉, 실용적 지식 또는 스킬'로 정의했다.[10] 기후 변화에 대한 대응을 크게 감축/완화와 적응 행동으로 구분하기 때문에, 자연스럽게 기후기술 역시 '감축/완화기술'과 '적응기술'로 구분하고 있다.

감축/완화란 온실가스 배출량을 감소시키는 것같이 직접적인 기후 변화의 원인을 최소화하는 것을 의미한다. 달리 말하면 '온실가스의 저장을 증대하거나 온실가스의 근원을 줄이는 인간의 개입'이다.[11] 감축기술에는 온실가스를 적게 배출하는 기술과 배출량을 0으로 하는 기술, 탄소 배출을 저감하는 저탄소기술, 대기 중 탄소를 포집한 후 영구 격리해 제거하는 네거티브 배출기술이 포함되어 있다.[12]

한편 기후 변화 적응은 지구온난화, 홍수 등 이미 발생한 기후 변화에 대응하는 대처 활동을 뜻한다. 또 이미 배출한 온실가스로 기후 변화를 피할 수 없는 상황에서 부정적 결과를 줄이는 것을 말한다. 다시 말해 '예견되거나 실재하는 기후 변화 현상에 대한 자연과 인간 생태계의 취약성을 줄이기 위한 행동과 조치'를 의미한다.[13]

적응기술은 기후 변화로 급변하는 환경에 대응하고 적응하여 기후 변화 현상에 대한 자연과 인간 생태계의 취약성을 줄이는 데 기여하는 기술이다. 적응기술의 예로는 품종 개량, 농장 내 물 관리와 저장,

토양 수분 보존, 관개 개선, 지역사회 기반 적응, 농업 농장과 경관의 다양화, 지속 가능한 토지 관리, 생태친화적 농업 등이 있다.

이러한 시도를 추진하는 기업의 사례로, 농업 분야에서 기후 데이터 및 빅데이터 분석으로 농업 생산성을 향상시키고 기후 변화에 대응하는 소프트웨어 솔루션을 제공하는 '더 클라이밋 코퍼레이션The Climate Corporation'이 있다. 이는 다국적 화학 및 생명과학 기업 베이어Bayer의 과학 부서 중 하나로, 디지털 농업 소프트웨어 플랫폼으로 클라이밋 필드뷰Climate FieldView™를 제공하며, 23개국에서 2억 2000만 에이커가 넘는 농지에서 사용되고 있다. 데이터 분석 및 시각화 도구, 신뢰할 수 있는 수십 개 농장 관리 파트너 간의 연결성을 결합하여 현장에서 더 많은 정보에 입각한 의사결정을 내릴 수 있도록 인사이트를 제공하는 것으로 알려져 있다.

기후기술의 다양한 용어

〈기후 변화 대응 기술 용어 개념의 특징과 상호 연관성에 대한 연구〉의 내용을 기반으로 기후기술의 정의와 영역에 대해 조금 더 구체적으로 설명하겠다.[14] 여기에는 기후 변화를 늦추기 위한 다양한 시도에 따른 기술을 지칭하는 용어들이 다양하게 등장한다.

[그림5] 기후 변화와 관련된 기술 용어 간의 관계

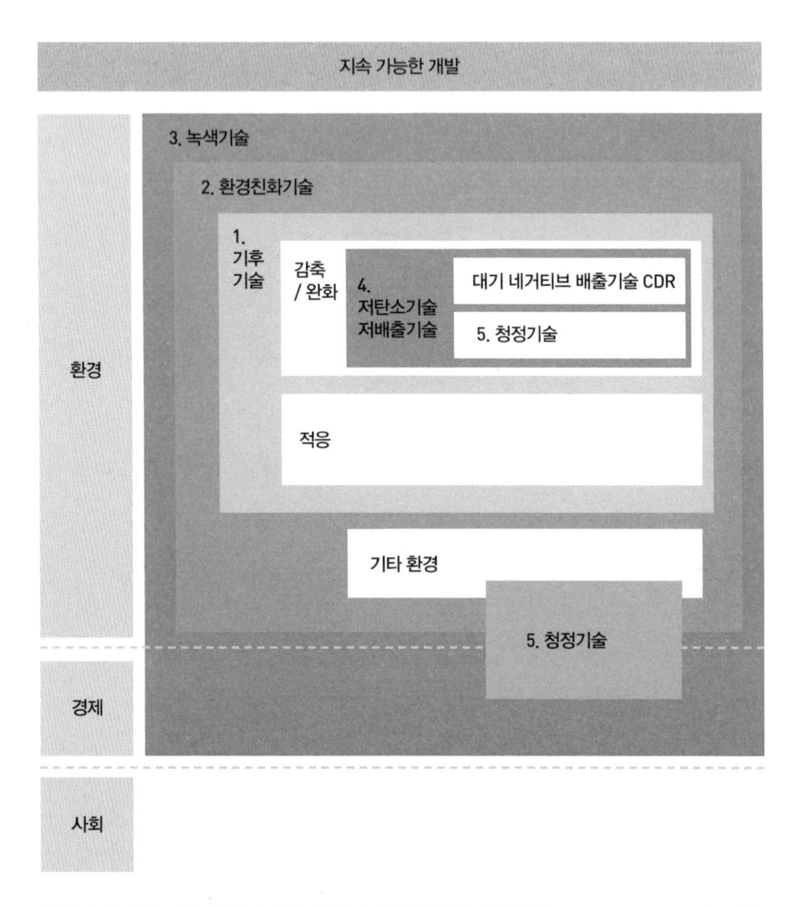

*출처: 〈기후 변화 대응 기술 용어 개념의 특징과 상호 연관성에 대한 연구〉, Vol. 12, No. 4, Fig.3 (2021)을 기반으로 저자 수정

- **기후기술**
- **환경친화기술** Environmentally Sound Technology
- **환경사회친화기술** Environmentally and Socially Sound Technology
- **녹색기술** Green Technology
- **감축기술** Mitigation Technology
- **적응기술** Adaptation Technology
- **청정기술** Clean Technology
- **저탄소기술** Low Carbon Technology
- **저배출기술** Low Emission Technology
- **제로 배출기술** Zero Emission Technology
- **네거티브 배출기술** Negative Emission Technology
- **이산화탄소 제거** Carbon Dioxide Removal, CDR
- **적정기술** Appropriate Technology

명칭들의 의미가 비슷한 듯 다르게 느껴지지 않는가? 어떤 기술은 다른 여러 기술을 포함하기도 하므로, 일관된 기준에 따른 분류를 통해 각 기술들을 살펴보고자 한다.

기후 변화와 관련된 기술은 환경-경제-사회 요인을 기준으로 주로 환경에 관련된 영역 내에서 온실가스의 감축, 적응, 기타 환경적 요소의 분야에서 상세화가 거듭되고 있다.

기후기술

기후기술은 온실가스 감축, 적응에 특화된 기술을 중심으로 연계되고 확장되는 기술이다. 이미 진행 중인 기후 변화의 악영향을 방지하고, 온실가스 감축을 위한 활동 강화를 위한 적응에 대한 중요성을 강조한다.

하지만 앞으로 기후기술은 온실가스 감축과 적응에 국한되지 않는다. [그림5]에서 표현한 환경-경제-사회 간 관계의 의미를 모두 포함하여, 기후 위기에 대응하는 포괄적인 기술이라는 의미로 확장될 것으로 예상된다.

환경친화기술

환경친화기술은 환경 오염 측면에서 사전 예방적으로 폐기물을 줄이거나 만들지 않는 공정·제품기술을 의미하며, 폐기물을 처리하는 사후처리기술을 포함한다. 환경친화 기술은 단일기술만을 포함하는 것이 아니며 노하우, 절차, 재화 및 용역, 설비 등을 아우르는 시스템을 의미한다.

이 분야의 대표적인 기업으로는 자일럼Xylem이 있다. 자일럼은 세계 최대의 물 문제를 해결하는 첨단 기술, 솔루션 및 서비스 분야의 글로벌 리더로, 고객이 물과 폐수를 사용, 관리, 보존, 재사용 및 자연으로 환원하는 방식을 획기적으로 개선할 수 있도록 지원하고 있다.

녹색기술

녹색기술은 환경적 친화성에 집중하는 환경친화기술을 포함한다. 그뿐만 아니라 대체 에너지기술, 고효율화기술 더 나아가 관련 예측 기술과 지식 기반 산업기술을 포함하는 확장된 개념이다.

관련된 산업군과 영역이 매우 넓지만, 이해를 돕기 위해 대표적인 사례 몇 가지만 제시하겠다. 우선 태양광 에너지 기업 퍼스트 솔라First Solar를 들 수 있다. 퍼스트 솔라는 세계 10대 태양광 모듈 기업 중 유일하게 미국에 본사를 둔 기업이다. 박막 태양전지 기술을 개발하여 태양광 패널의 효율성을 높였고, 대규모 태양광 발전소에 이를 적용해 청정한 전기 생산을 도모했다.

풍력 에너지 기업 베스타스 윈드 시스템스Vestas Wind Systems는 세계 1위 풍력 터빈 생산업체다. 높은 풍력 터빈 효율성을 특징으로 하는 풍력 발전 시스템을 제조하며, 전 세계에 풍력 발전소를 구축하여 재생 가능한 에너지를 공급한다.

또 다른 예로 폐기물 관리 및 재활용 기업 웨이스트 매니지먼트Waste Management도 있다. 미국 텍사스주 휴스턴에 본사를 두고 있는 이 회사는 북미 지역에서 종합적인 폐기물 관리 서비스를 제공하는 선두업체다. 폐기물 처리와 재활용 기술로 폐기물을 최소화하고 재활용률을 높였다. 웨이스트 매니지먼트는 빌 게이츠Bill Gates가 주식을 보유한 것으로도 유명하다. 순환 자원의 중요성이 대두되면서 투자자들 사이에서 지속적으로 관심을 받고 있다.

전 세계 폐기물 시장에서는 폐기물을 재활용 및 재사용하는 혁신기술을 개발하기 위한 경쟁이 치열하다. 제로 웨이스트 3R Reduce, Reuse and Recycle (감소, 재사용, 재활용) 철학에 따라 폐기물 감소를 목표로 삼은 스타트업도 여럿 등장했다. 폐기물 관리 시장에서 웨이스트 매니지먼트의 경쟁업체로는 클린 하버스Clean Harbours 와 리퍼블릭 서비스Republic Service 등이 있다.[15]

저탄소기술

저탄소기술은 기존 기술보다 적게 탄소를 배출하여 기후 변화를 완화하고자 하는 목적성을 가진 기술로, 환경적 건전성 측면에 초점을 두고 있다. 특히 저탄소기술은 이산화탄소 배출 감축 효과의 측정과 밀접하게 연관되어 있다.

저탄소기술의 사례로, 재생 가능 에너지를 저장하고 이를 필요할 때 사용할 수 있는 배터리 기술 및 에너지 저장 시스템Energy Storage System, ESS 이 있다. 한국의 LG에너지솔루션, SK 온on, 삼성SDI를 비롯해 중국의 CATL, BYD 같은 기업이 기술 개발과 상용화에 앞장서고 있다.

청정기술

청정기술은 '제품의 설계 · 생산 공정 등 생산 과정에서 환경 오염을 제거하거나 줄이기 위한 기술과 녹색 제품을 생산하기 위한 기술

16'이다. 이 기술은 경제성을 갖춰야 하고, 자원 활용과 환경 훼손에 대해 LCA를 해야 하며, 특정 제품의 생산과 공정에서 벗어나 서비스와 이익을 제공하는 것에 집중한다. 또한 폐기물 최소화와 오염 방지를 포함해야 하는 것을 구체적으로 명시한다.[17]

여기서 LCA, 즉 전 과정 평가는 원자재의 추출, 제조 및 공정, 수송 및 유통, 사용·재활용·폐기까지 제품의 전 생애에 걸친 환경 영향을 평가하는 것이다. 제조자에게 제조와 공정뿐만 아니라 제조 이전과 제조 이후의 환경 영향까지 고려하도록 한다.

애플Apple의 경우, LCA를 사용하여 제품 제조에서 환경적 영향을 줄이는 방법을 연구하고 환경적으로 친화적인 재료 및 에너지 사용 방법을 모색하는 것을 강조하고 있다. 최근 '아이폰15'를 포함한 신제품을 공개하면서 새로운 애플워치 라인업으로 최초의 탄소중립 제품을 발표했다. 신제품과 함께 기후 변화 대응 탄소중립 영상 〈마더 네이처Mother Nature〉를 선보였다. 발 빠르게 '탄소중립 제품'이라는 타이틀을 선점하며 소비자에게 눈도장을 제대로 찍었다.

기후기술 분류 체계와 해당 기술

넷제로를 향한 여정에서 가장 화제가 되는 주제이자 혁신적인 솔루션과 새로운 비즈니스 기회를 만들어줄 단서는 바로 기후기술에 있다. 고객의 어려움을 해결할 기회를 찾고 직접적인 온실가스 감축에 도움이 되는 사업을 구체화할 때 기후기술 도입이 우선순위에 있어야 한다.

여기서는 기후기술의 상세 분류 체계와 사례로 글로벌 및 국내에서 중점적으로 개발하고 있는 기술을 살펴보고, 어떠한 담대한 시도와 도전들이 일어나는지 살펴보고자 한다.

내가 기후기술을 처음 접했을 때 영역별 사전 지식이 많이 필요했을뿐더러 어느 방향으로 무게를 실어서 볼 것인지 그 첫걸음을 떼는 것이 무척이나 어려웠다. 이때 기후기술과 관련하여 심도 있는 연구와 가이드를 제시하는 국가녹색기술연구소National Institute of Green Technology, NIGT에서 해결의 실마리를 찾을 수 있었다.[18] NIGT는 UNFCCC 기술 메커니즘의 국가지정기구인 과학기술정보통신부를 지원하는 전담기관으로, 국가기후기술협력센터를 운영하며 기후 변화 대응이라는 다양하고 복잡한 문제를 해결함에 있어 중요한 역할과 책임하에 연구를 진행한다.

'기후기술 분류 체계와 사례'를 살펴보기 위해, NIGT의 〈기후기술 분류체계 및 기술정의(녹색기후기술백서)〉(2019) 및 〈기후기술 국가연구개발사업 조사, 분석 보고서〉(2022)의 내용을 참고하고자 한다. 이 연구자료에 나오는 기술은 모두 중요성과 시급성에 경중이 없고 기후위기에 대응할 단서를 찾을 수 있는 기술들이다. 크게 온실가스 감축, 적응, 감축/적응 융합이라는 3가지 분류로 나뉘는데, 에너지 분야와 산업별 세부 기술의 개발 사항에서 기후기술과 관련하여 논의되는 대부분의 기술을 확인할 수 있다.

그중 특별히 살펴볼 것을 추천한다면 송배전, 전력 IT 분야, 농업 축산 분야, 물 관리 분야를 들 수 있다. 이 분야들은 기후기술에서 전 세계적으로 중요하고 시급하게 다루어지고 있지만, 유독 한국에서는 더디게 발전하는 분야다. 한편 재생에너지, 신에너지(수소 산업), 에너지 저장 분야의 경우 이미 상용화가 진행되어 향후 미래 산업으로 국가와 기업의 많은 지원과 노력이 투여되고 있어 이 책에서 그 중요성을 한 번 더 강조하지는 않으려고 한다.

먼저 송배전, 전력 IT 분야는 화석연료의 사용을 줄이는 에너지 대전환의 시점에서 가장 중요하게 연구하고 안정적으로 적용해야 할 분야다. 재생에너지의 간헐성으로 전력 인프라 및 전력 계통의 확충이 필요하기 때문이다.

농업 축산 분야는 기후 변화가 가장 큰 영향을 미치는 분야다. 기존의 재배 방식과 관리 방식으로는 품질 관리 및 생산성을 맞출 수 없는 상황에 이르렀다. 식량 자원 문제는 인간의 삶에서 다른 무엇보다 중요한 문제인 만큼 지속적인 연구 지원과 새로운 시도에 대한 격려, 성공 사례를 통한 선순환을 이루어야 한다.

한편 아직까지 물은 우리에게 흔한 자원이자 우리가 특별히 고마움을 느끼지 못하는 자원이다. 하지만 점차 물 사용이 많아지고, 깨끗한 물을 얻기 위한 노력에 더 큰 비용과 수고가 들어가고 있다. 따라서 물 관리 분야를 통해 물에 대한 인식을 바꾸고 삶의 필수 요소인 물을 잘 활용하고 다시 사용할 수 있는 기술, 물로 인한 재해에 미리 대응할 수 있는 기술 등에 많은 관심을 기울여야 할 것이다.

그럼 [표4]를 통해 기후기술에 얼마나 다양한 산업 분야와 기술이 있는지 들여다보자.

한국이 주목하는 기후기술

한국 정부는 기후기술과 관련한 체계적인 지원 방안을 모색하기 위해, 2023년 3월 기후기술과 관련된 5개 분야(클린테크, 카본테크, 에코테크, 푸드테크, 지오테크) 간담회를 개최했다. 또 같은 해 5월에는 과학기술정보통신부에서 한국형 탄소중립 100대 핵심기술 확정 사항을 발표하는 등 기후기술로 넷제로 달성에 필요한 산업을 육성하려는 움직임을 보였다. [표4]의 기후기술 분류 체계에서 다룬 기술 중 좀 더 명확히 집중하고 지원할 분야를 선택한 것으로 해당 분야의 산업 육성에 우선순위를 두고 지원하겠다는 방침이다.

'한국형 탄소중립 100대 핵심기술 목록'도 살펴보는 것이 좋다. 탄소중립에 도움이 되는, 2030년까지 초단기로 육성할 기술과 중장기로 지속적으로 육성할 기술을 나누어서, 우선순위를 두고 전략적으로 해당 기술들을 발전시키겠다는 정부의 의지를 살펴볼 수 있다.

[표4] 기후기술 분류 체계

구분	소분류	세부기술 분류 체계(세분류)	기술정의
비재생 에너지	원자력 발전	1. 미래형 원자로 시스템 2. 순환 핵연료 주기 시스템 3. 차세대 경수로 4. 원전 해체기술	핵분열 에너지를 이용하여 전기를 생산하는 설비인 원자력 발전소를 개량하여 안정성, 경제성, 환경친화성을 가진 원전을 설계 및 건설, 운영하는 기술
	핵융합 발전	1. 핵융합로 노심기술 2. 핵융합로 시스템 통합기술 3. 가열 및 진단 장치기술 4. 초전도 자석기술 5. 핵융합 재료기술 6. 동력계통 공학기술 7. 핵융합로 연료 주기기술 8. 안전 및 인허가기술	중수소-삼중수소의 고온 플라즈마 상태에서 일어나는 핵융합반응제어를 통해 중성자의 에너지를 열에너지 등의 형태로 회수하여 전력, 수소 생산 및 고에너지 중성자를 활용하는 기술
	청정화력 발전, 효율화	1. 석탄가스화 복합 발전기술 2. 석탄액화 및 가스화기술 3. 석탄가스화 연료전지 4. 청정석탄기술 5. 초초임계 화력 발전기술USC 6. 바이오매스 혼소기술 7. 순산소 연소기술	화석연료를 사용하는 발전소의 고효율화, 청정화, 연료 다변화, 전환방식 개선을 통해 환경 오염을 최소화한 친환경 발전기술
재생 에너지	수력	1. 수력터빈 설계 및 제작기술 2. 발전기 설계 및 제작기술 3. 수력 발전 자원 조사기술 4. 수력 발전 시스템 제어기술 5. 수력 발전 시스템 운영 관리기술 6. 수력 발전 시스템 성능 평가기술 7. 저낙차 저유량 수력에너지 활용기술	댐, 강, 또는 하천 등에서 물이 가지는 위치에너지나 운동에너지를 활용하여 에너지를 변환하는 제반기술
	태양광	1. 결정질 실리콘 태양전지 2. 박막 태양전지 3. 다중 접합 태양전지 4. 나노 태양전지 5. 태양광 시스템	태양광 발전 시스템(태양전지, 모듈, 축전지 및 전력조절기, 직/교류 변환장치로 구성)을 이용하여 태양빛에너지를 직접 전기에너지로 변환시키는 기술
	태양열	1. 중저온 태양열 2. 중고온 태양열 3. 태양에너지 주택 4. 재생열 변환 저장	태양복사에너지(일사)를 유용한 열 및 전기 에너지로 변환, 저장 및 이용에 관련된 제반기술

<table>
<tr><td rowspan="5">재생
에너지</td><td>지열</td><td>1. 천부 지열 이용기술
2. 심부 지열 이용기술
3. 지열 융복합기술</td><td>물, 지하수 및 지하의 열 또는 온도차 등을 이용하여 전기 또는 열을 생산, 활용하는 기술</td></tr>
<tr><td>풍력</td><td>1. 육상 풍력
2. 해상 풍력
3. 부유식 풍력
4. 풍력에너지 융복합</td><td>바람의 운동에너지를 로터 블레이드에서 흡수, 기계적 에너지로 변환하여 전력을 생산하는 발전기술</td></tr>
<tr><td>해양
에너지</td><td>1. 조력 발전
2. 조류 발전
3. 파력 발전
4. 해수 온도차 발전
5. 해수열 냉난방
6. 염도차 발전
7. 해양플랜트 기술</td><td>조류, 조력, 파력, 해수 온도차, 해수 염도차 등 이산화탄소를 배출하지 않는 해양의 클린에너지를 이용하는 기술</td></tr>
<tr><td>바이오
에너지</td><td>1. 바이오매스 직접 연소기술
2. 바이오매스 열화학적 변환기술
3. 바이오매스 생물학적 변환기술</td><td>생물유기체(동물, 식물, 바이오매스 등)로부터 열화학적 또는 생물학적 전환기술을 적용하여 기체, 액체 또는 고체의 연료를 얻고, 이들 연료를 연소 또는 변환시켜 에너지를 얻는 기술</td></tr>
<tr><td>폐기물</td><td>1. 직접에너지 회수 기술
2. 미성형 및 성형고형 연료 제조기술
3. 합성가스 제조 및 정제기술
4. 열분해 유화기술
5. 생물학적 전환기술
6. 발전소 연료 이용기술
7. 폐기물에너지 고효율 회수기술</td><td>폐기물은 '쓰레기, 연소재, 오니, 폐유, 폐알칼리, 동물의 사체 등으로서 사람의 생활이나 사업 활동에 필요하지 아니하게 된 물질'을 말하며, 폐기물에너지화기술 WTE은 가연성 폐기물, 유기성 폐기물, 매립가스, 산업 폐가스 등을 열화학적 또는 생물학적 방법으로 열, 전력, 연료 등으로 에너지화하는 기술</td></tr>
<tr><td>신
에너지</td><td>수소 제조</td><td>1. 화석연료 기반 개질 수소 제조
2. 암모니아 기반 수소 제조(개질 및 전기 분해)
3. 물기반 전기분해 수소 제조(수증기, 해수 등 포함)
4. 물기반 광분해 수소 제조(광전기화학 포함)
5. 생물학적 수소 제조</td><td>열화학적, 광화학적, 전기화학적, 생물학적, 화학적인 방법으로 화석연료, 암모니아, 물을 원료로 하여 고순도 수소를 추출하는 기술</td></tr>
</table>

신 에너지	연료 전지	1. 알칼리형 2. 인산형 3. 용융탄산염형 4. 고체 산화물형 5. 고분자 전해질형 6. 직접메탄올 7. 시스템(개질기, 스택, 전력변환기, BOP) 8. 생체연료전지BFC	수소를 포함하는 연료(수소, 화석연료, 유기화합물, 암모니아 등)의 화학 에너지를 수소 산화 및 산소 환원의 전기화학반응을 통해 전기를 생산하며 열과 물을 생산하는 기술
에너지 저장	전력 저장	1. 리튬이온전지 2. 전고체전지 3. 레독스흐름전지 4. 차세대 배터리(리튬공기, 리튬황, 마그네슘, 나트륨전지 등) 5. 수퍼커패시터 6. 이차전지(배터리) 시스템 및 제어기술 7. 물리적 저장기술	전기에너지를 고효율로 저장, 사용함으로써 전력의 품질 개선 및 에너지 효율성 극대화를 이루며, 온실가스 배출량을 절감할 수 있는 에너지 저장 기술 및 안전한 저장, 사용을 위한 제어 및 주변 장치 기술을 포함하는 기술
	수소 저장	1. 기체수소 저장기술 2. 액체수소 저장기술 3. 물리흡착수소 저장기술 4. 액상수소화물 저장기술 5. 금속, 무기수소화물 저장기술 6. 수소저장용기 및 수송기술	생산된 수소를 압축, 액화, 매체를 이용한 흡착 및 흡장 또는 수소화합물의 형태로 안전하고 효율적으로 저장하며 수송하는 기술
송배전, 전력IT	송배전 시스템	1. 마이크로그리드 2. 배전운영 시스템ADMS 3. HVDC 기술 4. 분산자원관리 시스템DERMS 5. 유연송전망 시스템FACTS 6. 광역 감시/제어/보호 시스템	발전, 송전, 배전 등 전력기술에 정보통신기술과 자동화 시스템을 도입하여 전력 시스템과 중전기기를 디지털화, 지능화하고, 전력 서비스를 고부가 가치화하는 기술로 부품 및 시스템 기술 개발, 지능형 전력 감시, 제어기술 등을 포함
	전기 지능화 기기	1. AMI 2. 초전도기기 3. ESS 및 EMS 연계기술 4. 전기차 충전 시스템 5. 수요 관리	전력의 이용 손실을 줄이고 에너지 절약 효과를 극대화하기 위한 제품, 기술, 시스템 및 연계기술 에너지 수요

에너지 수요	수송 효율화	1. 도로 교통 2. 철도 교통 3. 항공 교통 4. 해상 교통 5. 지능형 교통 체계	여객 및 화물을 운송하는 도로, 철도, 해상, 항공 교통수단의 에너지 소비 효율 향상과 교통, 물류체계의 최적화를 통해 수송 부문의 온실가스 감축에 기여하는 기술
	산업 효율화	1. 공정 효율 개선 2. 신공정기술 3. 원료 대체기술 4. 부산 폐기물, 자원 고부가 및 순환 5. 청정공정기술	자원과 에너지의 가공 주체인 산업계에서 다양한 형태로 투입 및 분산 소비되는 에너지를 근원적으로 감축하기 위해 원료 채취부터 생산 후 사용, 폐기, 재활용의 전 과정을 고려한 저탄소형 원료 대체와 통합적 고효율 신공정을 연계한 산업구조로의 전환에 적합한 기반기술
	건축 효율화	1. 신축/기존 건축물의 설계, 시공기술 2. 신축/기존 건축물의 에너지 성능 유지 및 향상기술 3. 온실가스 감축을 위한 구조기술 4. 가전 및 사무기기의 효율 향상기술 5. 조명 효율 향상기술 6. 정보 인프라 구축 및 예측/최적 제어기술 7. 에너지 관리 및 진단기술 8. 신재생에너지 적용 및 융합기술	녹색 건축물 건축기술 및 성능 유지기술, 기존 건축물을 녹색 건축물로 전환하기 위한 기술, 재생에너지 적용 및 융합기술, 정보 인프라, 기기 효율화, 예측 및 최적 제어를 위한 에너지 관리기술 등의 건물 에너지 절감 및 온실가스 감축을 위한 건축, 기계, 전기, 신재생, 리모델링, 에너지 관리 분야의 에너지 효율화기술
온실 가스 고정	CCUS	1. 이산화탄소 포집기술 2. 이산화탄소 수송기술 3. 이산화탄소 저장기술 4. 이산화탄소 (직접) 활용기술 5. 이산화탄소 전환기술	이산화탄소를 대량 발생원으로부터 포집한 후 압축, 수송 과정을 거쳐 육상 또는 해양지중에 안전하게 저장하거나 직접 활용 및 유용한 물질로 전환하는 기술
	Non-CO2 저감	1. 메탄 포집 및 활용 저감 기술 2. 이산화질소 수송 기술 3. 불화가스류(수소불화탄소, 과불화탄소, 육불화황, 삼불화질소) 저감 기술 3. Non-CO2 온실가스 통합관리 기술	Non-CO2 온실가스 발생 현황을 모니터링 및 데이터베이스화하고, 이를 저감하고자 포집, 정제, 활용 및 분해 처리기술과 배출을 원천적으로 개선할 수 있는 대체 물질 및 대체 프로세스를 개발하는 기술

농업, 축산	유전자원, 유전개량	1. 내재해 품종 개량 2. 유전자원 보존 및 관리	작물, 동물 유전자원은 인간의 생존을 위해 필수적인 자원으로 활용될 수 있는 모든 동식물체를 의미하며, 작물, 동물 유전 개량은 고온 및 건조 스트레스, 침수 스트레스와 같은 기후 변화에 대처하기 위한 유전자원 수집 및 관리기술, 전통 및 분자 육종기술, 유용 외래유전자 도입기술, 유전체 편집기술 등의 유전자 기능 연구를 포함
	작물 재배, 생산	1. 기상재해 피해 경감 2. 농업환경변동예측 3. 시스템 자동화 4. 작물 병해충 진단 방제 5. 작물 안정 생산 6. 토양흡수원, 토양 관리	논, 밭, 과수원, 온실, 묘상 등과 같은 재배 시설에서 농업적 목적으로 작물을 재배, 생산하는 데 관련된 다양한 요소기술로서, 고온 등 이상기상의 조기 경보, 농업 환경, 작물 재배 환경 모니터링, 온실을 포함한 시설 재배, 작물 재배 기계, 생산 과정상의 경운, 관개, 파종, 이식, 비료살포, 작물보호제 살포, 수확 등을 포함
	가축 질병 관리	1. 가축 사양 관리 2. 가축 사육 인프라 3. 가축 질병 진단/방제	가축 질병 제어 및 대응 시스템을 의미하며, 기후 변화의 영향으로 증가하는 가축 질병 전파의 매개가 되는 곤충 등의 제어 및 농축산물에 대한 공항이나 항만의 체계적 검역 시스템 및 고온기의 적절한 사육 밀도, 축사 내 환기 시스템 개선 등 효율적인 쿨링 시스템과 부족한 노동력을 보완하는 ICT 융복합 스마트팜 등의 기술을 포함
	가공, 저장, 유통	1. 농축산물 가공 2. 농축산물 저장/유통	농축산물의 수확 후 가공, 저장, 유통 과정에 관련된 일련의 기술로 이산화탄소를 줄일 수 있는 에너지 저감 대체 가공기술과 식품 안전 확보 기술을 포함

물 관리	수계, 수생태계	1. 수질 및 수생태 모니터링 2. 수리 구조물 관리 3. 수질 및 수생태 관리 4. 통합수계 진단 및 관리	수계 및 수생태계의 온전성을 과학적으로 평가하는 기술 및 행위로, 수생태계의 물리화학적 요소, 경관적 요소, 수리수문학적 요소, 생물학적 요소를 종합적으로 조사, 분석하여 그 생태계의 상태를 판단하는 기술이나 행위로 정의하며, 수생태계의 건강성 평가는 서식지 및 수변 환경 평가, 특정 생물종을 활용한 수생태계 평가, 생물 군집을 활용한 수생태계 평가, 군집변화 예측 기법 등을 포함
	수자원 확보 및 공급	1. 가뭄 대응 2. 물 재이용 3. 빗물 관리 4. 지하수 5. 해수 담수화 6. 수자원 평가	댐, 취수, 정수, 배수 시설 등 수자원 개발 및 공급시설의 용수공급 능력 평가, 연계 운영을 통한 안정적 용수 공급 및 지역 간 수급 불균형을 해소하는 기술이며, 직접 취수 외의 해수 담수화, 빗물 재이용, 지하댐 건설, 강변 여과수 이용, 중수도, 인공 강우 등과 같은 대체 수자원기술 등을 포함
	수처리	1. 상수 2. 하, 폐수 3. 농업 용수 4. 선박수	물리화학적 또는 생물학적 처리기술을 활용하여 수계 내 존재하는 오염물질을 제거하거나 감소시켜 해당 목적(용도)에 맞게 사용할 수 있도록 처리하는 기술
	수재해 관리	1. 예측 및 평가 2. 관리 3. 적응 및 대응	극한 사상으로 인한 홍수, 가뭄 등 수재해를 예측, 전망하고, 피해를 예방, 방지하기 위한 감시–평가–예측–관리 및 선제적 대응기술

기후 변화 예측 및 모니터링	기후 예측 및 모델링	1. 관측 및 감시 2. 기후 변화 정보 DB 구축 3. 지구 시스템 모델링 4. 미래 전망 산출 및 분석 5. 기후 변화 메커니즘 분석 및 원인 규명 6. 예측 및 모델링	기후 시스템을 구성하는 기권, 수권, 생물권, 빙권 등에 대한 이해를 바탕으로 기후 및 대기질을 관측, 진단 분석, 모델링하고 미래 기후 변화를 예측하는 기술
	기후 정보 경보 시스템	1. 극한 기후 진단 및 예측 2. 예·경보 기술 3. 재난, 재해 예측(지진 화산) 4. 취약성 예측 및 평가	극한 기후 현상에 의한 피해의 최소화를 목적으로 하며, 실시간 기후 관측 자료를 기반으로 통계 혹은 역학 모형을 활용해 장단기적 극한 기후 발생을 예측하고 예·경보하는 시스템. 세부적으로 극한 기후의 예측 및 실시간 감시기술, 예·경보 전파기술과 극한 기후에 대한 취약성 평가기술 등으로 구분
해양, 수산, 연안	해양 생태계	1. 해양 탄소 흡수원 2. 해양 생태계 관리 3. 해양생물 자원 4. 해양 생태계 복원	기후 변화에 따른 해양 생태계 변동 파악과 이에 적응하기 위한 기술로, 해양의 탄소흡수원 파악과 해양생태계 및 해양생물 자원의 복원을 통해 해양 생태계의 유지하는 기술 등을 포함
	수산 자원	1. 수산 양식 2. 수산 자원 질병 관리 3. 수산 자원 및 어장 관리	기후 변화에 따른 수산 자원의 변화를 분석하고 이에 대응하기 위한 기술로, 수산생물의 사육, 유전육종, 양식기술과 수산생물에게 발생하는 질병에 대한 진단, 치료, 예방기술 및 수산자원에 대한 관리기술
	연안 재해 관리	1. 연안 침식 및 이안류 2. 재해 예측 및 관리 시스템	연안에서 발생하는 해양 기인의 재해를 관측하고, 관련 예·경보를 내리고 평가하고 대응·관리하는 기술로, 파랑, 해일 등 연안 재해 현상에 대한 실시간 관측, 수치 모델링 분석, 상관 분석, 통계 분석 기반의 예·경보기술, 재해인자에 대한 위험도 평가 등의 평가기술, 연안 재해 관련 가이드라인, 법제도, 지침 개발 등의 대응 및 관리기술을 포함

건강	감염 질병 관리	1. 예측 및 정보 분석 2. 감염병 진단 및 치료제 개발 3. 조기 감시 및 숙주방제 4. 확산 방지 및 관리체계	기후 변화에 따른 감염병을 예방하고 대응하는 기술로, 전염병의 조기 감지 및 대응 시스템 구축, 신·변종 감염병에 대비한 백신과 진단키트 개발, 제독 및 방역 장비 개발, 신속 투명한 정보 제공과 소통체계 구축 등을 포함
	식품 안전 예방	1. 식중독 2. 식품 안전	기후 변화 영향에 따른 식품유래 위해인자(병원성 미생물, 곰팡이 독소, 패독 등)에 대비할 수 있도록 화학적, 생물학적 및 물리학적 위해인자를 신속히 검출하고 영향을 분석한 뒤 개발된 모델을 활용해 향후 위험요인들의 발생을 예측하고 선제적으로 대응하는 기술로, 비가열 살균, 식품 안전 데이터베이스 구축, 빅데이터 분석 기반의 사전 예측 모델 개발, 생물학적, 화학적 위해인자 신속 검출법을 포함
산림, 육상	산림 생산 증진	1. 산림자원 육성, 관리 2. 목재 이용	산림의 이산화탄소 흡수, 저장 증진 및 배출 감소를 위한 기술로, 산림의 탄소 흡수 능력 강화, 신규 산림 탄소 흡수원 확충, 목재와 산림 바이오매스의 이용 활성화 등을 포함하는 기술
	산림 피해 저감	1. 산림 재해 방지 2. 산림 피해 저감	기후 변화에 따른 산림 재해 예측, 예방 및 피해 저감을 위한 기술로, 기상과 빅데이터를 융합한 산불 예보 체계 구축, 산불 위험성 평가 및 맞춤형 산불 위험 관리기술, 산사태 위험 통합 예보체계 구축, 산지 토사 재해 위험지 관리, 산림 병해충의 기후 변화 영향평가, 산림 병해충 발생 예측 및 친환경 방제기술 등을 포함
	생태, 모니터링, 복원	1. 산림 탄소 흡수원 2. 산림 생태계 모니터링 3. 산림 보전 및 복원 4. 산림 생물다양성	기후 변화에 따른 생태계 변화 모니터링 기술은 기후 변화로 인한 생태계의 반응을 진단하기 위해 종 이해, 종, 군집, 생태계 및 생물군계 수준에서 그 변화를 모니터링 하는 기술이며, 세부적으로 식생대, 식분, 종, 종 이하 수준의 변화 모니터링기술을 포함한다. 그리고 생태적 복원기술은 진단평가, 훼손 환경 개선, 대조생태 정보 수집 및 상기 정보가 조합된 복원 계획, 모니터링 및 적응 관리기술로, 오염된 기질의 개량기술, 도입생물 선발 및 배치기술, 모니터링 및 적응 관리기술을 포함

감축/적응 융복합	신재생 에너지 하이브리드	1. 분산형, 독립형 전력 및 열 생산 시스템 2. 고효율 탄소 저감형 신재생에너지 하이브리드 시스템 3. 에너지 자립 및 저탄소화 NRE-H 통합솔루션 4. 친환경 자동차 에너지 공급 인프라 5. 정보통신기술 융합 신재생에너지 플랫폼	신재생에너지를 포함하는 둘 이상의 에너지 생산, 저장 시스템을 결합한 전력, 열, 가스 공급 관리 시스템으로, 발전 및 열 생산, 산업 단지 에너지 고도화, 주거, 생활에너지, 에너지 수송 등을 포함
	저전력 소모 장비	1. 차세대 프로세스SoC 2. 고온 환경 운영기술 3. 저전력 블루투스 4. 스마트 플러그	대기 전력을 줄이거나 스마트 디바이스의 전력 소비를 최소화하는 장치 개발기술
	에너지 하베스팅	1. 압전에너지 하베스팅 2. 정전에너지 하베스팅 3. 열전에너지 하베스팅 4. 하이브리드에너지 하베스팅	다양한 기계 및 열 에너지를 이용한 신재생에너지기술로, 주로 IoT 및 웨어러블 기기의 자가 발전 또는 보조 전력원에 관한 기술
	인공 광합성	1. (광)전기화학전지 2. 이산화탄소 환원전극 3. 물산화전극 4. 인공 광합성 용전해질막 5. 광촉매	온실가스인 이산화탄소를 출발 물질로 사용해 일산화탄소, 개미산, 메탄올, 에탄올, 에틸렌, n-프로판올 등의 고부가 화합물을 생산하는 기술로, 이산화탄소 환원 촉매기술,산소 발생 촉매기술, 고분자 전해질기술, 광전기화학전지 또는 전기화학전지기술
	기타 기후 변화 관련 기술	1. 기후 변화 대응 융합기술(신재생 하이브리드 제외) 2. 기후 변화 대응공통기술(에너지 소재, 에너지 데이터, ICT 디바이스/인프라 등) 3. 기타 기후 변화 대응기술(미래 혁신기술 등) 4. 자원 순환기술(폐기물에너지 제외) 5. 미세먼지	달리 분류되지 않는 기후 변화 대응 기술[융합기술, 공통기술(소재, 데이트 등), 미래 혁신기술 등]

*출처: NIGT, 기후기술 분류체계 기술범위, 〈기후기술 국가연구개발사업 조사, 분석 보고서〉, 2021. (https://www.nigt.re.kr/gtck/researchall.do?mode=view&articleNo=2945&article.offset=0&articleLimit=10&srSearchVal=%EA%B8%B0%ED%9B%84%EA%B8%B0%EC%88%A0+%EA%B5%AD%EA%B0%80%EC%97%B0%EA%B5%AC%EA%B0%9C%EB%B0%9C%EC%82%AC%EC%97%85+%EC%A1%B0%EC%82%AC)

[그림6] 탄소중립녹생성장위원회가 선정한 기후기술 5대 분야

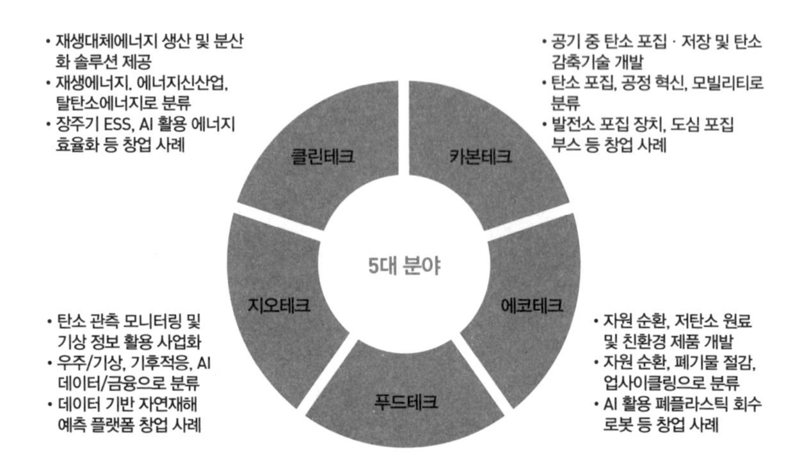

*출처: 탄소중립녹색성장위원회 보도자료, "탄소중립 실현, 기후테크가 해답이다.", 2023.03.22. (https://www.2050cnc.go.kr/base/board/read?boardManagementNo=3&boar dNo=1401&menuLevel=2&menuNo=17)

[표5] 한국형 탄소중립 100대 핵심기술 목록

	단기형(~2030년 상용화): 37개	중장기형(~2030년 이후 상용화): 63개
초격차 (9개)	• (수소) 기체수소 저장 · 운송 • (전력 저장) 단주기 에너지 저장 시스템 • (원자력) 소형 모듈 원자로SMR • (친환경차) 이차전지 셀 고도화 • (친환경차) 이차전지 시스템 고도화 • (친환경차) 연료전지 시스템 고도화	• (철강) 수소환원제철 • (석유화학) 연료유·부산물 기초화학 원료 전환 • (산업 일반) 친환경 냉매
신격차 (39개)	• (태양광) 초고효율 태양전지 • (태양광) 사용처 다변형 태양광시스템 • (태양광) 폐태양광 재활용 재사용 • (수소) 해외 암모니아·수소 대용량 저장·운송 • (무탄소 전력) 고효율 연료전지 열병합 • (전력 저장) 사용 후 배터리 ESS 시스템 • (전력망) 분산자원 및 유연자원 통합 운영 • (철강) 고로 연·원료 대체 • (철강) 전로 연·원료 대체 • (철강) 철강 산업 하공정 무탄소 연료 전소 • (석유화학) 바이오 PEF • (석유화학) 바이오폴리올 • (석유화학) 폐플라스틱 자동 선별 • (친환경차) 전기 구동 시스템 성능 향상 • (친환경차) 전력 변환 장치 고도화 • (친환경차) 유선 충전 고속화 • (환경) 바이오 생분해성 플라스틱	• (풍력) 수직축 부유식 풍력 발전 • (수소) 차세대 수전해 • (수소) 액체수소 운송선 • (전력 저장) 장주기 에너지 저장 시스템 • (석유화학) 부생가스 고부가 전환 • (석유화학) 바이오나프타·올레핀 • (석유화학) 폐플라스틱 용매 추출 • (석유화학) 폐플라스틱 해중합 • (석유화학) 폐플라스틱 열분해 • (석유화학) 폐플라스틱 가스화 • (석유화학) 저에너지 반응 공정 • (석유화학) 저에너지 분리·소재 공정 • (CCUS) 습식 포집 • (CCUS) 건식 포집 • (CCUS) 차세대 포집 • (산업 일반) 공정가스 대체 • (산업 일반) 공정가스 처리 • (선박) 연료 후처리 및 에너지 효율 향상 • (건축) 건물에너지 관리·제어·데이터 활용 • (환경) 리뉴어블 플라스틱 • (환경) 금속자원 회수 • (환경) 국토공간 유형별 탄소 흡수 증진·관리
감격차 (52개)	• (풍력) 해상풍력 부유체 시스템 • (풍력) 해상풍력 설치·시공 • (수소) 알칼라인 수전해 • (수소) PEM 수전해 • (무탄소 전력) 수소혼소 가스 터빈 • (시멘트) 혼합재 함량 증대 • (CCUS) 분리막 포집 • (CCUS) 화학적 전환 • (CCUS) 광물 탄산화	• (풍력) 초대형 풍력 터빈 • (풍력) 해상풍력 발전 운영 · 관리 • (수소) 액체수소 저장·운송 • (수소) 수소 전용 배관망 • (수소) 차세대 해외수소 저장·운송 • (수소) 액체수소 인수기지 • (무탄소 전력) 수소전소 가스 터빈 • (무탄소 전력) 석탄 보일러 암모니아 혼소 • (무탄소 전력) 초고효율 연료전지 복합 발전 • (전력망) 지능형 송배전 시스템

감격차 (52개)	• (친환경차) 수소차용 수소 저장 시스템 • (친환경차) 수소충전소 • (선박) 탄소중립 내연기관 • (선박) 선박용 연료전지·배터리 시스템 • (건축) 고성능 · 다기능 외피	• (전력망) 실시간 전력거래 플랫폼 • (에너지 통합) 산업용 고온·초저온 히트펌프 • (에너지 통합) 복합에너지시스템 • (에너지 통합) 열에너지 저장시스템 • (원자력) 선진 원자력 시스템 • (원자력) 원자력 폐기물 관리 • (철강) 탄소 저감형 전기로 • (철강) 철강 부산물 재자원화 • (석유화학) 전기 가열로 NCC 시스템 • (석유화학) 무탄소 연료 NCC 공정 • (석유화학) 스마트 플랜트 전환 • (시멘트) 비탄산염 원료 대체 • (시멘트) 신규 혼합재 제조 • (시멘트) 순환자원 연료 대체 • (시멘트) 저탄소 신열원 활용 • (CCUS) 저장소 탐사·평가·선정 • (CCUS) 저장 시설·설비 설계·구축 • (CCUS) 저장소 이산화탄소 주입 · 운영 • (CCUS) 이산화탄소 저장 모니터링 • (CCUS) 생물학적 전환 • (산업일반) 산업 공정용 수소·암모니아 활용 • (산업 일반) 전동기 · 전력 변환기 효율화 • (산업 일반) 그린데이터센터 • (산업 일반) 탄소 배출 저감 효과 모니터링 • (친환경차) 무선충전 대용량화 • (선박) 선박 전기추진 시스템 • (건축) 건물 · 설비 전기화·고효율화 • (건축) 건물 신재생 에너지 및 에너지 융합 시스템

*출처: 과학기술정보통신부 보도자료, "한국형 탄소중립 100대 핵심기술 확정", 2023.05.19.

글로벌 기후기술 분류 체계

국내외 기후기술 분류 체계를 살펴보았다면 이제는 UN의 글로벌 분류 체계를 살펴보자. UN의 기후기술센터네트워크Climate

[표6] CTCN의 기후기술 분야

기후기술 구분	분야	기술 연구와 개발의 목적 및 방향성
감축 Mitigation technology	농업 Agriculture	• 기후 변화 위험에 대한 취약성을 줄이는 농업기술(식량작물을 재배하고 가공하기 위한 도구와 기술 포함)을 개발 • 식량 안보를 강화하고 농업 공동체의 전반적인 건강과 복지를 향상시키는 데 도움을 주는 기술 개발
	탄소 고정 및 경감 Carbon fixation and abatement	• 화석연료를 사용하여 에너지를 얻는 산업(전력, 석탄, 건설, 화력발전소 등)에서 탄소 배출량을 줄이기 위한 기술에 대한 개발 • 탄소 광물화기술, 녹색 생산 모델, 저탄소 배출 및 환경 오염 극복 솔루션, CCS 등
	에너지 효율 Energy efficiency	• 온실 가스 배출량을 줄이기 위한 핵심 접근 방식 및 비용 절감 방안 연구
	삼림 Forestry	• 삼림 벌채 및 토지 이용 변화로 인한 온실 가스 배출량의 증가를 막고, 지속 가능한 임업을 위한 기술 개발 • 여러 생태계 환경을 보호하기 위해 혁신적이고 지속 가능한 임업 관련기술 개발
	공업 Industry	• 지속 가능한 조달, 운송 및 배출을 최소화하는 공급망 및 물류, 생산 공장 및 제조 공정에 대한 기후 변화 기술 적용을 통한 서비스 제공
	재생 에너지 Renewable energy	• 재생에너지를 통해 기후 변화의 영향에 대한 에너지 공급 탄력성을 높이는 동시에 온실가스 배출량을 줄일 수 있는 기회를 창출하는 기술에 대한 연구 • 에너지기술은 운송 수단과 산업에 연료를 공급하는 기술 및 에너지를 생성하고 사용하는 도구와 기술을 포함

	수송 Transport	• 상업용 및 레저용 운송 시스템과 육상, 항공, 내륙 수로 및 해상에서 사용되는 차량 등 운송 부문에서 배출되는 탄소 배출량은 전 세계 인간이 유발하는 총 온실가스 배출량의 약 20%를 차지 • 지속 가능한 운송을 제공하고 기후 변화 영향을 완화하는 기술 개발
	폐기물 처리 Waste management	• 지속 가능한 폐기물 처리는 질병 전파 매개체를 줄임으로써 건강과 삶의 질을 개선 및 기후에 미치는 영향을 줄이는 핵심 • 재활용 및 재사용을 통해 자원의 더 순환적인 활용을 가능하게 하고 폐기물 매립지에서 발생하는 메탄 배출량을 최소화하는 기술 등에 대한 개발 • 바이오연료 엔진에 이르는 장치에 사용되는 바이오가스용 메탄 포획과 혁신적인 폐기물 에너지 기술 등의 혁신
적응 Adaptation technology	농업과 삼림 Agriculture and forestry	• 농업은 온실가스 배출을 통해 기후 변화를 일으키는 데 큰 비중을 차지하고 있고, 동시에 농업 활동은 기후 조건에 직접적으로 의존하기 때문에 기후 변화의 영향에 크게 노출되어 있음 • 기후 변화는 또한 삼림 교란과 외래종의 발생을 증가시키며 이러한 위협에서 안정적으로 농업과 임업을 통해서 지속 가능한 삶을 영위하기 위한 기후기술 연구 및 개발
	해안 지역 Coastal zones	• 해안 지역의 기후 변화에 대한 영향, 취약성 및 적응 평가를 위한 기술 도구 개발 • 해수면 온도 상승과 해양 산성화, 해안선 변화, 해안 구역의 홍수 조기경보, 해안지역 폐기물 관리 등
	조기 경보 및 환경 평가 Early warning and Environmental assessment	• 위험 매핑 및 조기 경보 시스템과 같은 기술
	인간 건강 Human health	• 인간 건강에 미치는 기후 변화의 영향에 적응하면서 운영의 탄소 발자국을 줄이기 위한 기술 • 보건 인력 교육, 말라리아 보호 및 예방, 건강 위험 모니터링과 같은 적응기술은 기후 변화의 잠재적 영향에 대한 지역 사회의 탄력성을 높일 수 있음
	인프라 및 도시 계획 Infrastructure and Urban planning	• 국가의 여러 지역이 더 건조해지고 습해지거나 더워짐에 따라 녹색 인프라는 스마트 도시 계획 및 지능형 도시 교통 시스템을 통해 지역 사회 회복력을 개선하는 데 도움이 될 수 있음 • (인도네시아 및 태국 협력) 기후 탄력적 인프라를 개발하고 저탄소 사회를 위한 녹색 건물 육성 • 도시, 운송 시스템 및 건물을 기후 변화 영향에 적응시킴으로써 국가는 관련 비용과 위험을 완화 가능

	해양 및 어업 Marine and Fisheries	• 식량 안보를 강화하고 어업 공동체의 전반적인 건강과 복지를 향상시키는 기술 연구 및 개발
	물 Water	· 담수에 대한 접근은 우리의 근본적인 건강과 복지에 필수적이며, 물은 농업 생산성을 유지하는 데 필수적이며 많은 산업 공정에서 윤활제 및 냉각제 역할을 함 · 기후 변화가 수자원에 미치는 영향에 대한 연구, 물 공급 관리, 식염수 정화, 지역사회의 취약성 평가를 강화하기 위한 역량 구축 활동과 같은 확립되고 혁신적인 기후 적응기술 개발

*출처: https://www.ctc-n.org/technology-sectors

Technology Center Network, CTCN의 기후기술 분류 체계를 보면 전 세계적으로 기후기술의 기준이 되고 우선시하는 분야를 알 수 있다.

CTCN은 선진국과 개발도상국 모두에게 기술 이전과 관련된 정보를 제공하기 위해 만들어졌다. CTCN은 감축과 적응으로 기후기술 분야를 구분하고, 실질적으로 기후기술의 개발도상국 이전 사례 및 현재 진행하고 있는 사례를 해당 홈페이지에 꾸준히 공유 및 업데이트하고 있다. 이곳에 올라오는 다양한 범위의 기후기술(온실가스 저감 및 적응기술) 사례를 통해 개발도상국에서 활용되는 기후기술 사례를 확인할 수 있다.

하지만 기후기술의 적용에 있어 개발도상국에 이전할 수 있는 기술의 난이도에 한계가 있고 경제적 측면에서 어려움이 있기에 직접적인 기술 이전의 사례는 아직 많지 않다. 이전이 되더라도 최신 기술보다는

[그림7] CTCN 후원 국가

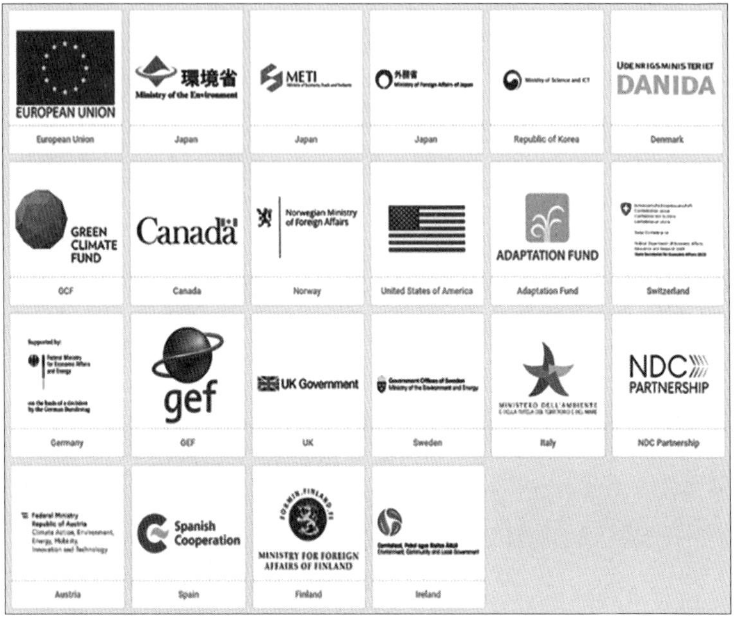
EUROPEAN UNION
European Union
Japan
Japan
Japan
Republic of Korea
DANIDA
Denmark
GREEN CLIMATE FUND
GCF
Canada
Canada
Norwegian Ministry of Foreign Affairs
Norway
United States of America
ADAPTATION FUND
Adaptation Fund
Switzerland
Germany
gef
GEF
UK Government
UK
Sweden
Italy
NDC PARTNERSHIP
NDC Partnership
Austria
Spanish Cooperation
Spain
MINISTRY FOR FOREIGN AFFAIRS OF FINLAND
Finland
Ireland

*출처: https://www.ctc-n.org

적용 난이도가 낮고 경제성이 확보되는 분야로 이전이 이루어진다. 또 기후 위기에 전 지구적이고 효과적으로 대응하기 위한 협력의 고리가 아직은 너무 약하다.

경제성과 효과성 측면에서 입증된 온실가스 저감과 적응의 기후기술이 선진국에서 개발도상국으로 적극적으로 이전되고, 온실가스 감축과 즉각적인 효과를 가져오는 담대한 시도가 더 많이 이루어져야 한다. 기후기술의 이전을 통한 균형 있는 기후 위기 대응을 함께 진행해야 기후 위기로 촉발된 경제적, 사회적 불안이 만드는 불협치, 전쟁 등의 극렬한 대립을 예방할 수 있을 것이다.

최근 기후기술의 가장 '핫'한 사례

앞서 기후기술 분류 체계와 세부 기술 내용을 살펴보았다. 그럼 현재 가장 핫한 기후기술 분야, 많은 투자가 이루어지고 앞으로 유망한

[그림8] 다양한 기후기술의 하이프 커브

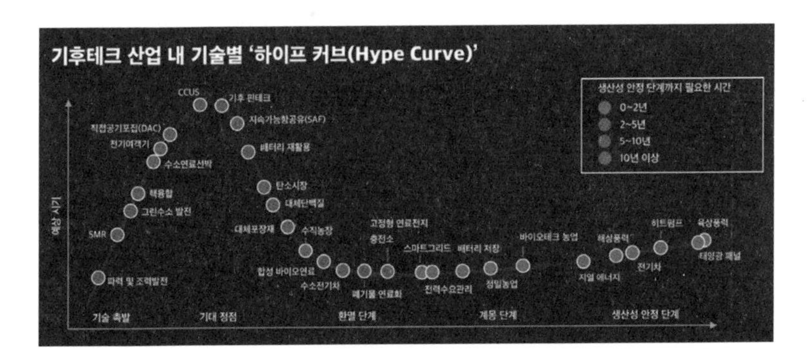

*출처: SVB의 〈The Future of Climate Tech〉(2023.06) 자료를 기반으로 Greenium 수정(https://greenium.kr/greenbiz-industry-svb-climatetech-future-report-ira-vc-ai-startup-usa/)

분야는 어디일까?

실리콘밸리 뱅크Silicon Valley Bank, SVB가 2023년 6월에 발표한 기후기술 내 기술 성숙도를 나타낸 '기후기술 혁신 하이프 커브Select Climate Tech Innovation Hype Curve'를 살펴보면, 현재 시점에서의 기후기술의 성숙도 단계 및 대중의 관심을 모으며 기대의 정점에 있는 기술들을 확인할 수 있다.

지속 가능 항공연료Sustainable Aviation Fuel, SAF, 소형 모듈 원자로Small Modular nuclear Reactors, SMR, 그린 수소, 히트펌프Heat Pumps 등 하이프 커브에 있는 기술을 하나만 설명해도 책 한 권은 쓸 수 있을 정도로 모두 중요한 기술이다. 하지만 그중 나는 '기대의 정점Peak Expectations' 구간에 있는 직접 공기 포집Direct Air Capture, DAC, 탄소 포집 활용 저장 기술Carbon Capture Utilization and Storage, CCUS과 같은 탄소 제거 기술에 많은 관심이 간다. CDR은 가시화되는 행보로 투자가 몰리는 분야이기도 하다. 따라서 여기서는 CDR에 집중해서 이야기하겠다.

CDR을 위한 다양한 시도

탄소를 직접적인 방법으로 제거하는 기술에 관한 다양한 시도가 계속되고 있다. 아직 경제성을 확보하지 못해서 연구 수준에 머무는 기

[그림9] CDR의 세부 분야

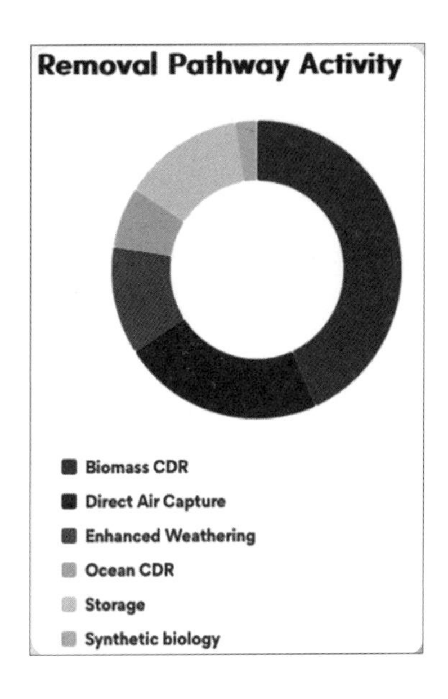

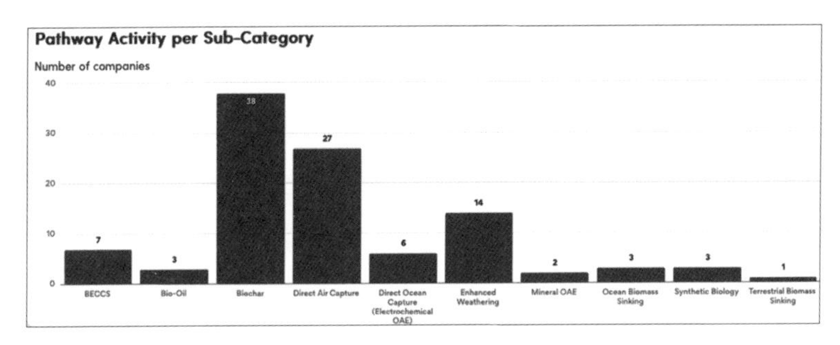

*출처: "Driving Carbon Removal Forward: Continued Growth, Pathway Insights, and Pricing Perspectives", Carbonx Climate, 2023.07.11.

[그림10] CDR의 탄소 제거 지도

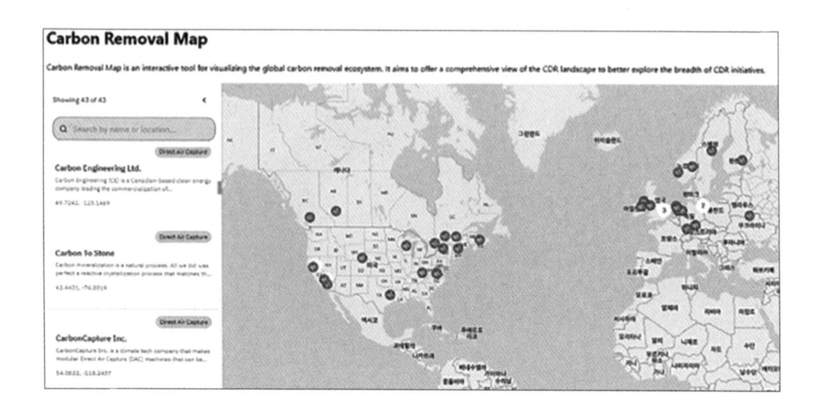

*출처: https://www.cdr.fyi/carbon-removal-map

술도 있지만, 정부의 전폭적인 지지 또는 투자기관과 기업 간 의미 있는 협업으로 이제 막 상업화의 길을 가고 있는 기술도 있다.

CDR 프로젝트에서는 현재 바이오차Biochar, 바이오에너지 탄소 포집 저장 활용 기술Bio-energy with Carbon Capture and Storage, BECCS와 같이 온실가스를 장기 저장할 수 있는 바이오 기반 솔루션이 많은 수를 차지한다. 농업 목적으로 숯을 사용하는 바이오 기반 탄소를 격리한 역사가 더 길기 때문이다.

바이오 기반 솔루션뿐만 아니라 DAC, 해양 알칼리성 개선, 풍화 강화에 대한 연구와 실증 사업도 다양하게 실행되고 있다.

해양 알칼리성 개선은 '직접 해양 포집'이라고도 하는 전기화학적

[표7] 주요 CDR 기술 현황(2023년 8월 기준)

	바이오차	DAC	BECCS	해양 알칼리성 개선	풍화 강화
예상되는 탄소 제거량 (기가톤)	2050년까지 매년 1.8~4.8기가톤	2030년까지 매년 0.06기가톤	2030년까지 매년 0.04기가톤	2050년까지 매년 0.001~0.015기가톤	2050년까지 매년 2~4기가톤
감축 사업 수	61	82	15	4	23
감축 사업이 진행되는 주요 지역	미국 38% 영국 13%	미국 47% 캐나다 14% 영국 11%	미국 64% 스웨덴 14%	미국 100%	미국 100%
1크레딧당 평균 가격	250달러	886달러	300달러	1750달러	280달러 (in–situ) 435달러 (ex–situ)
해결해야 할 난관	대량의 바이오매스 공급 원료 확보 필요	시설 구축 및 전기에너지 확보에 많은 비용 소요	공급 원료 확보의 어려움	복잡성으로 불확실성 높음	정부의 자금 지원 부족 (in–situ) 상업적 혁신의 어려움 (ex–situ)

*출처: Sebastian Manhart, "Allined Offsets – Carbon Dioxide Removal Report Summary"를 기반으로 정리한 사항을 Linkedin에 포스팅, 2023.08.

분리로 바닷물에서 산성을 제거하고, 기본 용액을 반환하여 해양 알칼리도를 향상시키는 것을 뜻한다. 미네랄 해양 알칼리도 강화를 위해 바다에 용해되는 암석을 추가하는 기술이다.

한편 풍화 강화는 특정 암석의 풍화 작용을 통해 이산화탄소 흡수를 가속하기 위해 자연 지질학적 과정을 활용하는 방법을 말한다.

글로벌 CDR 생태계에 따라 분야별 사업이 진행되고 있는 지역을 시각화한 서비스도 등장했다. [그림10]의 탄소 제거 지도가 그 예로, 글로벌 탄소 제거 생태계를 시각화하기 위한 대화형 도구다. CDR 프로젝트의 추진 현황에 대한 포괄적인 관점을 제공하는 것을 목표로 서비스되고 있다.

최근 가장 많은 기후기술 투자금이 집중되었기 때문인지 CDR 분야에서는 새로운 기업이 꾸준히 등장하고 있다. 주기적으로 모니터링하면 기술별 CDR 사업의 특이점, 지역적 특징도 확인할 수 있을 것이다. 아직은 극초기 단계인 기후기술이 대부분이지만, 지속 가능한 방법을 이용해 효과적으로 온실가스를 제거하고 기후 변화를 늦추는 기술이 계속 등장할 것이다. 도전적이고 의미 있는 성장으로 경제성을 확보하여 누구나 사용할 수 있고 기후 변화를 늦추는 핵심기술이 되기를 기대한다.

DAC로 온실가스를 바로 제거한다?

다양한 기후기술 중 이 책에서 DAC를 선택한 것은 넷제로를 향한 여정에서의 지름길을 찾아보고자 하는 간절함이 발현된 것이다. DAC

는 '발생된 온실가스가 바로 제거된다면 넷제로를 가장 빨리 달성할 수 있지 않을까?'라는 의문에 응답하는 기후기술이기 때문이다.

DAC는 대기 중 이산화탄소를 포집, 제거하여 탄소 농도를 감소시키는 기술이다. 이는 이산화탄소 배출량보다 이산화탄소 흡수량을 더 많게 해서 '제로'가 아닌 '마이너스'를 만드는 탄소 네거티브Carbon Negative나 CDR을 가능하게 하는 기술로 많은 관심을 받고 있다.

이산화탄소를 포집·저장·활용하는 기술인 DAC는 발전소나 공장 굴뚝에서 배출되는 가스에 포함된 이산화탄소를 흡수하는 것에서 시작되었다. 최근에는 이산화탄소 농도가 낮은 대기 중에서 직접 이산화탄소를 포집하려는 시도가 진행되고 있다.

DAC는 대형 팬에 공기를 통과시켜 이미 배출된 이산화탄소를 분리해내는데, 대기에서 이산화탄소를 포집하는 기술에는 '고체-DAC'와 '액체-DAC'라는 2가지 방식이 있다. 고체-DAC 기술은 이산화탄소와 결합하는 고체 흡착 필터를 사용하는 방식으로, 클라임웍스Climeworks 사의 사용 방식으로 알려져 있다. 한편 액체-DAC 기술은 수산화칼륨과 같은 화학 용액을 사용하여 이산화탄소를 끌어들이는 방식이며, 카본 엔지니어링Carbon Engineering 사의 사용 방식으로 알려져 있다.[19] DAC로 포집한 이산화탄소는 압력이 높은 깊은 땅속에 주입해 광물화하여 영구 저장되거나, 합성항공유 등의 연료와 건축자재, 식품 가공 등에도 사용될 수 있다.

DAC는 경제성이 낮아 연구의 영역으로만 바로 보고 있었던 것이 사실이다. 일반적으로 산업 분야에서 포집하는 이산화탄소 단가는 1톤당 30~70달러 수준이나, DAC 기술을 활용해 이산화탄소 1톤을 포집하는 비용은 200~400달러 수준이기 때문이다.[20]

그러나 빌 게이츠가 설립한 브레이크스루 에너지 벤처Breakthrough Energy Venture, BEV•에서 이 분야에 과감히 장기간 투자하고 유럽과 미국에서 의미 있는 실증 사례를 확보하면서, 점차 더 큰 규모와 많은 자본이 투여되고 있다. 미국은 DAC 기술 연구 개발을 지원하기 위해 세액 공제 정책인 '45Q 텍스 크레딧45Q Tax Credit'을 개정해 탄소 배출 감축 시 세금 혜택을 부여한다. 또한 EU 집행위원회는 2020년 예산 중 118억 달러를 10개년 DAC 연구 프로그램에 투입한다.[21]

국제에너지기구International Energy Agency, IEA에 따르면, 2022년 기준 전 세계 27개의 DAC 시설이 운영 또는 건설 중이며, 그중 18개가 캐나다, 유럽, 미국에서 가동되고 있다. DAC 상용화에 나선 대표적인 민간 기업으로는 캐나다의 카본 엔지니어링, 미국의 글로벌 서모스탯Global Thermostat, 스위스의 클라임웍스 등이 있다.

특히 클라임웍스는 22년 기준 6억 5000만 달러 규모의 투자를 유치했다. 아이슬란드에 세계 최대 규모 탄소 포집·저장 시설인 '오르카Orca'를 설치하며, DAC 분야에서 발 빠른 행보를 보여주고 있다.[22]

온실가스 직접 감축 분야에 대한 전 세계적인 관심은 앞으로 더 높

• 20억 달러 이상 규모의 투자펀드로 농업, 건물, 전기, 제조 및 운송 등 주요 산업의 탄소 배출량을 줄일 수 있는 혁신 기술이나 벤처기업을 지원한다.

아질 것이다. 미국은 IRA를 통해 탄소 포집 시설에 세제 혜택을 제공하고, 미국 내 4개 DAC 허브 설립에 35억 달러를 투자한다고 발표했다. 한편 EU는 100억 유로 규모의 EU 혁신 기금을 운용하여 DAC 연구 개발을 지원한다. 또 일본은 산업성 산하 신 에너지 산업기술 종합개발기구New Energy and Industrial Technology Development Organization, NEDO에서 2조 엔 규모의 녹색 혁신 기금을 운용하면서 10개 이상의 DAC 연구 개발을 지원하고 있다고 밝혔다.

한국은 전 세계 최초로 DAC로 7400만 톤의 이산화탄소를 포집하겠다는 계획을 2050 탄소중립 시나리오에 포함하며 DAC에 대한 관심을 점차 높이고 있다. 그러나 앞선 사례와 비교하면 한국은 원천기술을 이제 막 개발하기 시작한 단계에서 더욱 적극적인 정부 지원과 민관의 협력이 필요하다.

DAC를 사용하여 이산화탄소를 격리하는 비용은 탄소 가격의 몇 배다. 따라서 수익성을 확보하기 전까지는 정책적 도입 및 인센티브와 연결되어야 DAC 도입을 가속화할 수 있다. 특히 DAC에 사용하는 전력은 화석에너지가 아닌 재생에너지로 충당해야 의미가 있는 것이기에, 경제성 확보의 가장 큰 걸림돌인 전력 사용에 대한 논의가 우선순위가 되어야 한다. 이것이 해결된다면 DAC는 온실가스 감축에 기여하는 기후기술 분야에서 가장 크게 성장할 것이다.

제3장

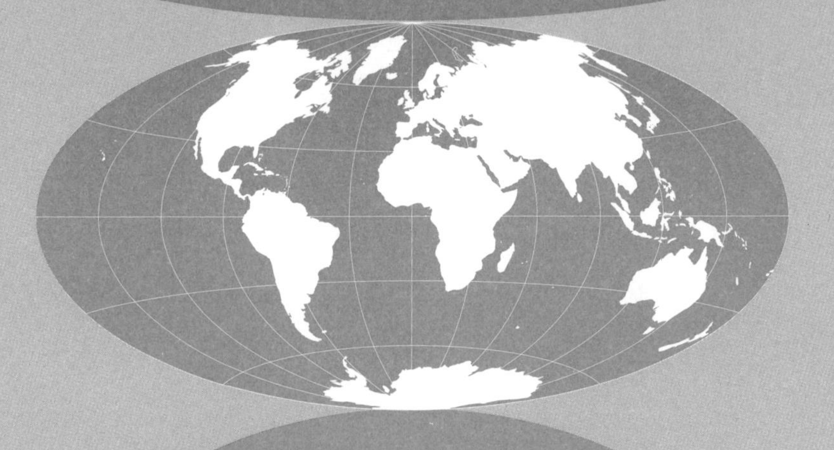

기후기술의 싱크탱크: 기후기술은 어디서 태동할까?

기후기술은 아직 사용화까지
도달하지 못하고
개발 초기 단계에 머물러 있는 경우가 많다.
기후기술의 트렌드를 읽고
기회를 선점하기 위해서는
이에 창의적으로 접근하고
다양한 시도를 하는 원천인
싱크탱크의 활동을 들여다볼 필요가 있다.

이번 장에서는 국내외 기후기술 싱크탱크의 활동을 살펴보고자 한다. 기후 변화에 대한 위기 의식을 갖고 전문화된 영역에서 목소리를 내는 싱크탱크들이 존재한다. 이들 싱크탱크의 연구 결과는 국가의 기후 위기 대응 정책과 전략 수립에 반영되기도 한다.

기후기술은 기술 검증부터 상용화에 이르기까지 매우 오랜 시간이 소요되기에 개발 초기에 머무는 경우가 많다. 상용화까지 가는 데 있어 창의적인 접근 방법과 다양한 시도, 연구를 수행하는 싱크탱크의 연구 내용을 지속적으로 확인하면 사업의 아이디어와 추진 동력을 얻을 수 있을 것이다.

글로벌 기후 싱크탱크

글로벌 싱크탱크들의 기후기술 연구를 살펴보면 각 정부의 정책에 따라 심도 있게 논의되는 주제와 집중해야 할 영역을 확인하고 아이디어와 힌트를 얻을 수 있다.

여기서 논의되는 기술은 아직은 미완이지만 창의적인 접근 방식과 다양한 시도를 통해 넷제로 달성이라는 거대한 목표에 다가서고자 하는 선구자들의 경험과 노하우가 가득 담겨 있다. 세계적 석학들이 고민하는 주제를 살펴보며 나의 일과의 접점을 생각해보고 창의적인 아이디어를 얻어보자.

우선 전 세계의 싱크탱크 중 기후기술에 대한 가장 많은 논의가 이루어지고 가이드라인을 전달하는 중요한 싱크탱크들을 소개하고자 한다. 에너지 관련 싱크탱크의 활동이 두드러지는데, 지구온난화에 많은 영향을 미치는 화석연료 사용을 낮추고 에너지 전환에 대한 논의를 고조하기 위한 노력의 일환으로 보인다.

WRI World Resources Institute (https://www.wri.org)

1982년 설립된 미국의 싱크탱크로, 기후, 에너지, 국제 개발 등 다양한 분야에서 연구 및 분석을 수행한다.

기후 위기와 관련된 정책 브리핑, 보고서, 논문 등 다양한 자료의 제공을 바탕으로 국제적인 정책 이니셔티브 및 실행을 위한 협력과 협의를 촉진한다. 또 환경 문제와 지속 가능한 발전에 대한 해결책을 제시하기 위해 전 세계적으로 연구와 협력을 추진하며 영향력을 행사하고 있다.

특히 WRI는 기후 변화에 대응하는 정책과 실천적인 해결책을 개발하기 위해 기후 감시Climate Watch 프로젝트를 실시했다. 이를 통해 세계 각국의 온실가스 배출 및 기후 변화 관련 데이터를 수집하고 분석하여 기후 변화 대응 정책을 제안하고 있다.[23]

IISD International Institute for Sustainable Development (https://www.iisd.org)

1990년 설립된 캐나다의 싱크탱크로, 지속 가능한 개발 및 기후 변화, 자원 및 에너지 전환, 녹색기술, 탄소중립 등의 분야에서 연구 및 분석을 진행하고 있다.

더 클라이밋 그룹 The Climate Group (https://www.theclimategroup.org)

2004년 설립된 국제적인 권위를 가진 기후 변화 비영리 단체이며, 기후 변화 문제를 해결하기 위해 전 세계적으로 캠페인과 이니셔티브를 운영하는 국제 기구다. 기후 변화 대응에 큰 기여를 하고 있는 것으로 평가받고 있다.

더 클라이밋 그룹이 주도하는 캠페인 및 이니셔티브는 구체적으로 다음과 같다.

- **RE100** Renewable Electricity 100%**: 기업들이 100% 신재생에너지 사용을 향상시키도록 지원**
- **EP100** Energy Productivity 100%**: 기업들이 에너지 효율성을 향상하도록 지원**
- **EV100** Electric Vehicle 100%**: 기업들이 전기차 사용을 촉진하도록 지원**
- **언더2연합** Under2 Coalition**: 지방정부들이 온실가스 배출량을 줄이기 위한 대안적인 정책을 추진하도록 지원**
- **스마트 2020** SMART 2020**: 기업들이 기후 변화 대응을 위한 지능형 기술을 개발하고 구현할 수 있도록 지원**

엠버 Ember (https://ember-climate.org)

전 세계의 전력 시스템과 에너지 생산에 대한 데이터와 분석을 제공하는 기후 에너지 싱크탱크이며, 주로 석탄과 기타 화석연료의 사용을 줄이고 대체 가능한 재생에너지의 사용을 촉진하는 목표를 가지고 있다. 글로벌 전력 시장 분석, 국가별 전력 시스템 분석을 통한 에너지 전환에 대한 전략 및 정책을 조언한다. 전 세계적으로 석탄 발전소의 운영을 중단하는 것에 기여했으며, 에너지 전환과 관련된 정책 및 전략에 대한 영향력을 키우고 있다.

엠버의 〈글로벌 일렉트리시티 리뷰Global Electricity Review〉는 전 세계에서 많은 주요 매체에서 인용된다. 에너지 전환에 대한 새로운 제안과 대안을 제시하고 있다고 평가받고 있다.

헬름홀츠-젠트룸 헤레온 Helmholtz-Zentrum Hereon (https://www.hereon.de)

독일의 대표적인 싱크탱크 중 하나다. 2008년 설립되어 유럽 최대 규모의 생태학 및 환경 연구기관으로 알려져 있다. 지속 가능한 기술 개발과 환경 문제 해결을 위한 다양한 프로젝트를 수행하고 있으며, 기후, 해양과 바이오매스 분야에 대한 연구를 중점적으로 하고 있다.

아고라 에너지벤드 Agora Energiewende (https://www.agora-energiewende.de)

기후 변화 문제를 해결하기 위해 독일을 중심으로 연구 및 분석을 수행하는 비영리기관으로, 설립 초기에는 빠른 재생에너지 보급 확대 및 에너지 전환 가속화를 위한 정책을 제안했다.

최근에는 EU의 2030년 온실가스 감축 목표 상향 및 이를 달성하기 위한 제도 개선, 코로나 팬데믹 경제 회복 대책의 기후중립 투자와의 연계 필요성, 독일의 2045년 탄소중립 달성 가능 시나리오 등에도 의견을 제시하며, 독일 및 EU의 에너지 정책 및 기후 정책에 영향을 미치고 있다.

아고라 에너지밴드는 독일의 에너지 전환 방식을 에너지벤드 Energiewende 라는 용어로 대표한 단체다. 아고라 에너지벤드가 주도한 녹색 수소 및 클린 에너지 분야에서의 연구 및 분석 결과도 전 세계적으로 주목받고 있다. 사회 · 경제의 탄소중립을 위한 정책을 개발하며, 독일, 유럽 또는 국제 사회가 내놓은 온실가스 감축, 에너지 전환 목표와 정책 수단을 평가·분석하고 대안을 제시하고 있다.[24]

블룸버그NEF BloombergNEF, BNEF (https://about.bnef.com)

2004년에 설립된 블룸버그 LP Bloomberg LP의 자회사다. 기후 변화와 에너지 전환 분야에서 글로벌 시장 동향과 예측 정보를 제공하며, 넷제로를 향한 탄소경제와 관련하여 가장 정교한 분석을 하는 것으로 알려져 있다.

BNEF에서 발간하는 중요한 보고서로는 글로벌 에너지 시장에 대한 장기 전망을 하는 〈뉴 에너지 아웃룩New Energy Outlook〉, 100개 이상의 개발도상국에서 기후 변화 대응을 위한 정책 및 시장 조건을 분석하는 〈클라이밋스콥Climatescope〉, 미국 에너지 시장 동향을 분석하는 〈서스테이너블 에너지 인 아메리카 팩트북Sustainable Energy in America Factbook〉 등이 있다.

특히 BNEF가 지원, 운영하는 클라이밋스콥[25]은 미래의 자본 배치 및 프로젝트 개발로 이어질 수 있는 현재의 청정에너지 정책 및 재무 조건에 대한 스냅샷을 제공하며, 전력 부문 및 청정전력, 운송 및 건물 부문의 탈탄소화도 다루고 있다. 이뿐만 아니라 탄소 제로 에너지원에 대한 투자를 유치할 잠재력을 개별 국가마다 0에서 5까지 점수화하는 진단 도구도 가지고 있다.[26]

리싱크X RethinkX (www.rethinkx.com)

혁신적인 기술 변화와 전환에 대한 가설을 기반으로 한 진보적인 의견을 제시하는 민간의 싱크탱크도 주목할 만하다.

[그림11] BNEF의 진단 도구

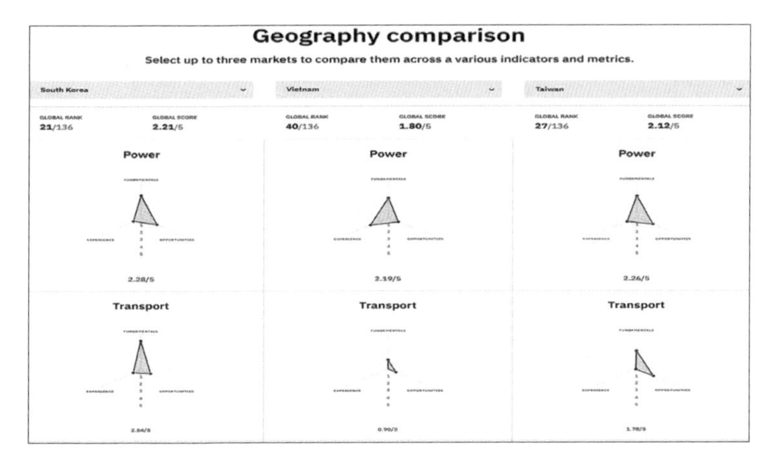

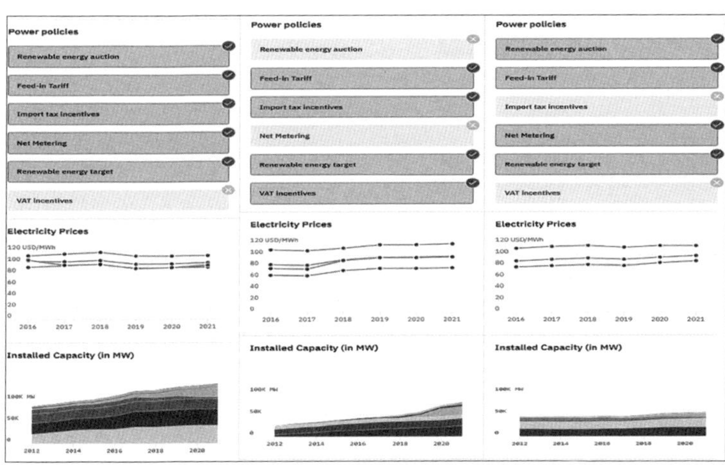

리싱크X는 미국의 기술 기업가이자 《에너지와 교통의 깨끗한 파괴Clean Disruption of Energy and Transportation》의 작가인 토니 세바Tony Seba와 영국의 경제사상가인 제임스 아비브James Arbib가 설립한 기술, 경제 연구 기반의 싱크탱크다. 기술이 주도하는 혁신의 속도와 규모 그리고 사회 전반에 미치는 영향을 분석하고 예측한다.[27]

주요 연구 분야는 에너지, 교통, 식품 및 농업 분야에 대한 연구를 수행하며, 특히 신재생에너지의 미래, 자율주행차 및 전기차의 도입, 식품 및 농업 시스템의 변화 등에 초점을 맞추고 있다.

한국의 기후 싱크탱크

한국의 기후 변화 관련 싱크탱크는 정부 주도의 정책 과제, 연구 과제를 수행하는 기관으로 시작된 경우가 많았다. 하지만 최근 들어 에너지 전환 및 기후 변화 대응과 관련된 전문화된 영역에서 민간의 참여가 활발히 일어나고 있다.

이러한 민간 싱크탱크는 연구 성과를 기반으로 정책 제언, 지원 사항 도출을 위한 논의를 이끌어내는 데 기여했다. 적극적인 활동으로 다양한 접근 방법의 활용 및 국내외 협력을 다양화하고, 창의적인 소통 방식을 통해 입법 제안, 실질적 개선 방안 제시 등으로 활동을 구체화하고 있다. 또 대중의 적극적인 참여를 이끌어 기후 위기에 더 능동적으로 대처하도록 독려하고 있다.

한국환경연구원 Korea Environment Institute, KEI (https://www.kei.re.kr)

1992년에 설립되어 기후 변화 및 에너지 전환 등 환경 정책 관련 분석 자료를 발간하고 있다. 기후 변화 및 에너지 전환과 관련된 연구, 자문 및 교육 등을 수행하면서 에너지 전환 및 기후 변화 대응에 대한 연구 및 제언 제공, 정책 공유 및 국제 협력 등을 진행한다.

〈KEI 포커스〉와 같이 환경 분야 동향 및 이슈 분석 결과와 KEI의 연구 결과를 요약하여 수록하는 KEI 대표 간행물을 꾸준히 발행하며, 그 외 KEI의 각종 연구 보고서, 학술지에서도 한국의 기후 변화 관련 정책과 동향을 확인할 수 있다.

NIGT (https://www.nigt.re.kr/)

환경친화적이고 지속 가능한 녹색기술의 개발, 보급, 확산을 위해 설립된 기관으로, 기후 변화에 대응하기 위한 한국의 대표 기술·정책 싱크탱크다.

글로벌 협력 네트워크를 구축해 대한민국 녹색기술 성과의 확산을 선도하고, 해외 우수 녹색기술 연구기관과의 공동 협력으로 녹색기술의 경쟁력을 제고하는 선제적인 종합 정책을 기획하고 지원하기 위해 설립되었다.

기후 변화 대응을 위한 기후기술에 많은 관심이 모여야 한다. 그리고 NIGT 같은 기관은 국가 차원의 기후기술에 대한 관심과 기술 현황, 수요에 대한 가장 정확한 정보를 얻을 수 있는 기관으로서 그 역할이 더욱 중요해질 것이다.

NIGT의 주요 연구 분야는 다음과 같다.

- **신재생에너지: 태양광, 풍력, 수력 등 신재생에너지 기술의 개발과 활용 연구**
- **친환경 자원 순환: 폐기물 관리 및 재활용 기술, 환경친화적 자원 관리 방안 연구**
- **클린 프로세스 기술: 산업 공정의 환경 영향을 최소화하는 청정생산기술 개발**
- **환경 보전기술: 대기, 수질, 토양 등 자연 환경 보전을 위한 기술과 정책 연구**
- **녹색 건축 및 도시화: 친환경적 건축물 및 도시화 기술 연구 개발**
- **기타 분야: 기후 변화 대응, 생태계 보전, 환경 교육 등에 관련한 기술 및 정책**

기후변화센터 Korea Climate Change Center, KCCC (http://www.climatechangecenter.kr)

KCCC는 기후 변화의 심각성을 알리고 기후 변화에 대응하기 위한 국내 최초의 기후 변화 대응 비영리 민간단체로, 2008년 설립되었다. 기후 변화와 관련된 다양한 분야에서 연구를 수행하고, 기후 변화 관련 정책과 기술적인 지원을 위한 논의를 이끌어내고 있다.

KCCC는 〈기후 변화 뉴스레터〉로 최신의 기후 변화 완화 및 적응 관련 주요 이슈와 글로벌 동향, 국내외 소식을 활발히 전하고 있다.

KCCC가 주관한 세미나, 포럼 등의 행사자료, 보고서, 국내외 주요 정보 및 정책자료를 제공하며 기후 변화 관련 오피니언 리더로서 그 역할을 확대하고 있다.

KCCC의 주요 연구 분야는 다음과 같다.

- **기후 변화 측정 및 모니터링: 기후 데이터 수집, 분석 및 모델링을 통해 기후 변화 현상 이해, 예측**
- **기후 변화 영향평가: 기후 변화의 환경, 사회 및 경제적 영향을 평가, 적절한 대응 전략 개발**
- **저탄소 에너지 및 기술: 신재생에너지, 에너지 효율화, 탄소 포집 및 저장 등 저탄소 기술 개발 연구**
- **기후 변화 정책 및 규제: 국내외 기후 변화 관련 정책과 규제를 분석, 평가하여 정책 개선에 기여**
- **기타 분야: 기후 변화 교육, 기후 변화 커뮤니케이션, 국제 기후 협력 등에 관련된 연구 수행**

기후솔루션 Solutions for Our Climate (https://forourclimate.org)

국내 기후 · 환경 싱크탱크로 2016년 설립된 비영리법인이다. 에너지 · 기후 변화 정책과 관련한 법률, 경제, 금융, 환경 분야의 전문가로 구성되어 있다. 국내외 비영리 단체들과 긴밀한 협력하에 활동하고 있다.

에너지 전환을 위한 워크숍을 진행하고, 재생에너지 관련 간담회 및 토론회를 개최하며 탈석탄법 제정을 위한 국민 청원을 모집한다. 이렇게 탈석탄 및 화석연료 금융, 재생에너지 및 전력 시장, 기후 위기 대응 및 온실가스 감축 정책에 관한 영역에서 활발히 활동하고 있다.

또 온실가스 배출권 거래제 개선, NDC 상향, 2050 LEDS 수립 등과 관련한 다양한 정책을 제안하기도 한다. 대한민국이 온실가스 감축 목표를 강화하고 효과적인 기후 변화 대응 정책을 마련할 수 있도록 앞장서고 있다.

사회적가치연구원 Center for Social value Enhancement Studies, CSES (https://www.cses.re.kr)

2018년 4월에 설립된 재단법인으로, 기업들이 자발적으로 더 많은 사회적 가치를 창출할 수 있는 시장 환경을 조성하기 위해 사회적 가치 측정 체계를 개발하고, 사회적 가치에 기반한 인센티브(사회성과인센티브) 프로그램을 운영하며, 관련 연구를 지원하고 있다.

기후 변화, 에너지 전환, 지속 가능성 등의 분야에서 사회적 가치 추구를 위한 정책 제언, 국내외 연구 활동 등을 수행하고 있다. 사회적 가치에 대한 다양한 접근 방안을 진중하게 연구하며, 글로벌 정책 자료, 지표, 연구 과제를 공유하고 있다.[28]

이들은 탄소중립을 달성하고자 하는 기업과 개인에게 탄소를 혁신적으로 감축할 수 있는 동기부여가 중요함을 강조하며, 규제에서 시장 중심으로 메커니즘을 전환할 것을 제안한다. 탄소중립을 달

[그림12] CSES의 활동 내역

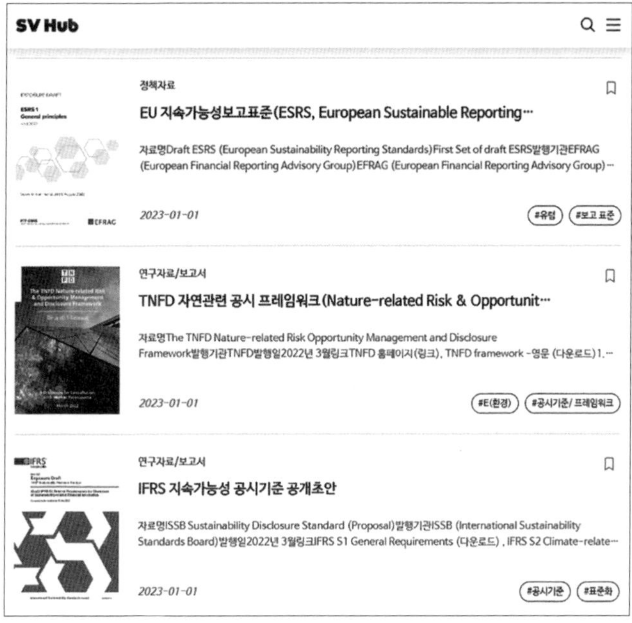

SV Hub SView Community Research & Education Library Database ESGame

구분

사회적 가치 측정(381)

지속가능성 공시 및 보고 기준(101)

기타(0)

SV Topic

E (Environment)(252)

자원소비(63)

환경오염(189)

E_기타(0)

S (Social)(188)

G (Governance)(19)

기타(8)

공장 에너지관리시스템(Factory Energy Management System,FEMS) 운영을…

사회적 가치 측정 〉 SK 사회적 가치 측정(DBL) E 〉 환경오염 〉 온실가스 정량 〉 화폐단위측정

12

공정 중 대기오염 물질(COD) 배출에 따른 환경오염

사회적 가치 측정 〉 SK 사회적 가치 측정(DBL) E 〉 환경오염 〉 대기오염물질 정량 〉 화폐단위측정

13

공정 중 대기오염 물질(PM2.5) 배출에 따른 환경오염

사회적 가치 측정 〉 SK 사회적 가치 측정(DBL) E 〉 환경오염 〉 대기오염물질 정량 〉 화폐단위측정

14

공정 중 대기오염 물질(T-N) 배출에 따른 환경오염

사회적 가치 측정 〉 SK 사회적 가치 측정(DBL) E 〉 환경오염 〉 대기오염물질 정량 〉 화폐단위측정

성하기 위한 환경성과 기반 인센티브 메커니즘으로 환경 보호 크레딧Environmental Protection Credit, EPC의 개념을 실제 산업에 적용할 수 있는 방안을 연구 중이다.

사단법인 넥스트NEXT (https://nextgroup.or.kr)

2020년 9월 설립된 사단법인 넥스트는 아시아의 넷제로 에너지 전환을 위한 비영리 에너지·기후 정책 싱크탱크를 표방하고 있다.

기후 변화 및 에너지 전환 분야에서 연구와 분석, 정책 제언 등 다양

[표8] ETS와 EPC 비교

이름	ETS	EPC
방식	공해 유발자에게 패널티 부과 (규제 중심)	문제 해결자에게 인센티브 제공 (시장 중심)
운영 주체	정부	인간
대상	소수 (예: 탄소 대량 배출 대기업)	다수 (예: 탄소 감축 기술 개발 스타트업)
도구	배출권으로 할당량 초과, 부족분 거래	크레딧으로 환경성과 거래, 투자
특징	수동성, 폐쇄성	능동성, 확장성

*출처: https://www.cses.re.kr/publishedData/reportView.do?boardSeq=1058

한 활동을 수행하고 있으며, 주요 분석 영역은 기후 변화 및 탄소중립 전략, 에너지 전환 및 신재생에너지 정책, 에너지 저장 시장 발전 전략, 탄소 시장 등이다. 정책 자문에도 참여하며 국가의 에너지 정책 및 기후 정책에도 목소리를 내고 있다.

넥스트는 미국 에너지·기후 변화 싱크탱크인 에너지 이노베이션Energy Innovation과 협업하여 국내 첫 통합 에너지 정책 시뮬레이터인 에너지 폴리시 시뮬레이터Energy Policy Simulator, EPS를 개발했다. 또 다양한 정책을 설정하면서 온실가스 감축 경로, 추가·절감 비용, 발전량, 신규 차량과 산업기술 등에 미치는 영향을 실시간으로 확인할 수 있는 서비스를 제공한다.

[그림13] 넥스트의 활동 분야

*출처: https://southkorea.energypolicy.solutions/scenarios/home?locale=ko

[그림14] 넥스트의 다양한 정책을 실시간으로 확인할 수 있는 서비스

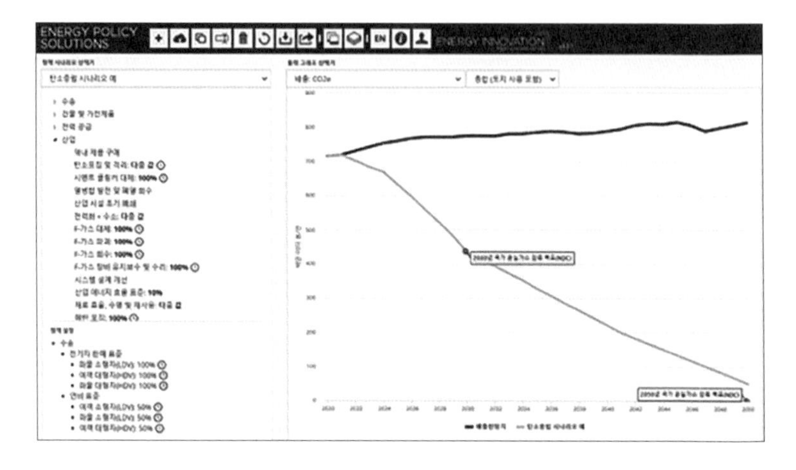

* 출처: https://southkorea.energypolicy.solutions/scenarios/home?locale=ko

기후기술 동향을 확인할 수 있는 언론 매체

국내외 싱크탱크에 대한 소개를 마치며, 기후 위기, 온실가스 감축에 대한 동향, 기후기술에 대한 폭넓은 주제를 다루고 있는 언론 매체 및 매거진을 소개한다. 온라인으로 제공되는 정보들이기에 쉽게 접근 및 활용이 가능하다. 최신 기후기술과 글로벌 동향을 빠르게 확인하며 현안에 대한 우리 기업의 현황을 파악하고 방향성을 수립할 수 있을 것이다.

가디언 The Guardian (https://www.theguardian.com)

전 세계적인 권위를 가진 신문사로, 사회적 문제와 환경 문제 등에 대한 보도에 힘쓰며, 공정성과 진실성을 추구하는 언론 활동을 펼치고 있다.

임팩트온 Impact on (https://www.impacton.net)

기업의 ESG와 지속 가능 경영을 다루는 미디어 스타트업이다. 글로벌 정책, 규제, 선도 산업 사례, 기후 테크 등 글로벌 ESG 트렌드에 관한 심도 있는 콘텐츠를 제공한다.

그리니엄Greenuim(https://greenium.kr)

기후, 순환 경제, 지속 가능성, 그린비즈 등에 대한 특화된 기사를 제공한다. 기후 위기에 대한 경각심을 높이고, 기후 위기에 대응하기 위한 글로벌의 노력과 어려움에 대한 최신 정보를 공유한다.

한경ESG (https://www.hankyung.com/esg)

매월 특정 주제를 선정해 한국경제신문 및 한국경제매거진의 전문 기자들이 심도 있게 리포트를 작성하여 발간하는 국내 최초의 ESG 전문 매거진이다. 국내 기업들의 기후 위기 대응 현황과 글로벌 트렌드 및 규제를 심도 있게 취재해 전문 매거진으로 확고하게 자리하고 있다.

제4장

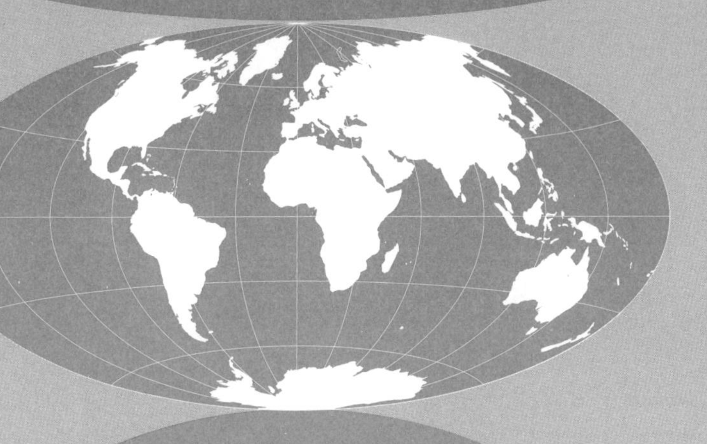

기후기술에 주목하는 기업들: 기후기술에 많은 관심이 쏠리는 이유

테슬라, 마이크로소프트, 애플을 비롯한
글로벌 기업은 물론
SK, 삼성전자, LG전자 등
한국 기업 역시 기후기술에 주목하고 있다.
이들이 기후기술에
관심을 쏟는 이유는 무엇일까?
기후기술에 대한 투자는
긍정적인 인식과 이미지 개선을 통해
브랜드 가치의 상승으로 연결되고
새로운 시장을 창출한다.

기후기술에 대한 관심은 날이 갈수록 높아지고 있지만, 실질적인 적용 사례는 아직 드물다. 하지만 희망의 끈을 놓지 않고 기후기술을 통해 지구온난화를 늦추는 긴 여정에 동참해야 한다. 누군가는 "바다 한가운데 스포이드로 깨끗한 물 한 방울을 떨어뜨린다고 달라지는가?"라고 묻는다. 그 깨끗한 한 방울이 여기저기에서 계속 떨어져 물 한 동이, 작은 시내, 작은 강을 가득 메운다면 기후 변화가 몰고온 현재의 어려움과 미래의 어려움의 연결고리를 끊을 수 있을 것이다.

기후 위기에 대응하는 크고 작은 시도가 기후 재난의 위험을 낮추고 문제 해결의 열쇠가 될 것이라고 믿는다. 그 중심에 기후기술이 있다.

기후기술로 꿈꾸는 지속 가능한 성장

기후 변화 문제는 전 세계적인 문제지만, 정해진 솔루션이 없는 것도 사실이다. 따라서 무모해 보이더라도 새로운 시도와 도전을 독려하고 의미 있는 결과를 얻기 위해 함께 노력해야 할 것이다.

최근 ESG, 즉 기업의 비재무적 요소인 환경, 사회, 지배구조에 대한 관심이 고조되는 것과 기후기술에 대한 관심은 그 맥을 같이한다. 지속 가능한 성장을 위해 ESG가 대표하는 가치와 기준에 따른 행동이 시대적으로 요구되고 있다. 넷제로를 향한 여정에서 그 노력의 결과는 인류의 지속 가능한 삶을 영위하는 것이다.

기후기술에 대한 관심은 기후 변화를 늦추기 위한 기술 투자로 이어진다. 그리고 온실가스 감축의 효과를 입증한 기술이 선진국에서 개발도상국으로 성공적으로 이전되면서 선순환되어야 인류가 계속 살아가고 성장하는 성장의 발판을 확보할 수 있다.

기업은 지속 가능한 기술을 개발하고 적용하고자 노력해야 한다. 이러한 노력은 소비자에게 그 기업에 대한 긍정적인 인식을 심어주고 이미지를 개선시킨다. 이는 브랜드 가치의 상승으로 연결되고, 새로운 시장을 창출한다. 기후기술에 대한 실질적인 제안과 수행을 거듭함으로써 기후 변화를 늦추는 긍정적인 기업으로 시장에 포지셔닝할 수 있을 것이다.

개인은 기후기술 및 기후 변화에 긍정적으로 기여하는 기업의 친환경 제품을 소비하면서, 시장의 판단 주체로서 현명하게 지속 가능한 삶을 영위할 수 있다.

국가는 정책적으로 친환경 산업을 육성하여 새로운 취업 기회를 창출하고, 기후기술을 적극 지원하여 무역장벽, 탄소세 등 온실가스 배출과 관련한 새로운 규제에 맞설 체력을 길러야 한다. 이를 통해 외교에 있어서도 우위를 선점하며 실리를 취하고 기술 협력을 확대하여 국제 사회에서 리더로서 자리매김할 수 있을 것이다.

기후기술이 기업 이미지 개선과 경제적 가치 상승으로 연결된다

최근 성장의 돌파구로 기후기술을 적극적으로 활용하고 도입하는 기업들이 주목받고 있다. 이때 기업이 어떤 기후기술로 무장해 시장을 리딩하는지가 지속적인 성장과 투자의 핵심이 된다. 요즘 소비자들은 단지 경제성으로 제품을 선택하는 게 아니라 다양한 가치와 지속 가능성, 착한 소비 등을 고려하며 소비에 신중을 기하고 있기 때문이다.

이 장에서는 온실가스 배출을 많이 하는 내연기관 자동차, 전기를 만드는 석탄 발전사, 석유화학 계열의 정유사, 전기 사용량이 많아 온실가스 발생에 일조하는 IT 기업 등이 기후기술을 활용하여 변화한 사례를 살펴보고자 한다. 해당 기업들은 경제성 있는 상품, 서비스로 많은 소비자의 선택을 받으며 성장해왔으나, 이제는 온실가스 배출의 주범으로 시장의 눈총을 받게 되었다. 또 업의 근간을 바꿔서 탈탄소, 넷제로를 선언하지 않으면 기업의 존립 자체가 어려워지는 상황에 처하게 되었다.

기후기술을 통해 생산 공정 자체에서 온실가스를 저감, 제거할 수 있는 기술을 확보해야 할 때다. 환경에 나쁜 영향을 미치지 않는 원료를 확보하는 것은 물론 생산에 필요한 전기를 신재생에너지로 교체하는 방안처럼 전체적인 관점에서의 변화가 요구된다.

글로벌 기업의 기후기술

기후 변화로 촉발된 위기를 기회로 삼아 새로운 성장 전략을 준비한 국내외 기업들의 전략을 통해 지금 우리가 마주한 변화의 물결에서 무엇을 고민하고 결정해야 할지 힌트를 얻어보자.

먼저 글로벌 기업의 사례를 살펴보자.

테슬라 Tesla

테슬라는 전기차 및 태양광 발전 기술을 통해 친환경적인 제품을 제공하며 자동차 산업의 가치사슬에서 전방위적 혁신을 이끌고 있다.

테슬라는 내연기관차에 비해 탄소 배출량이 현저히 낮다는 전기차의 긍정적 이미지를 선점하여 전 세계 최고의 전기차 판매고를 올리고 있다. 모빌리티의 변화를 이끄는 테슬라의 행보는 관심의 초점이 되고 있다.

2003년 창립한 테슬라가 2020년 창사 이래 첫 흑자를 기록한 데는 탄소 배출권 거래 수익이 큰 부분을 차지했다. 테슬라의 2020년 임팩트 보고서에 따르면, 2020년 전 세계의 테슬라 자동차와 태양광 패널이 이산화탄소 배출량을 500만 미터톤 절감시켰다. 그렇게 배출가스 규제 크레딧을 다른 제조사에 판매하여 16억 달러에 육박하는 수익을 창출했다.[29]

테슬라는 선도적인 시도에 따른 경제적 손실을 탄소 배출권 판매를 통해 메꾸고, 지속적인 성장을 위한 투자로 연결한다. 친환경 전기차의 대명사로서 앞으로 행보가 궁금해지는 기업이다.

오스테드 Ørsted

덴마크의 다국적 에너지 회사로 해상풍력 발전 단지를 개발하고 운영하는 세계적인 선도 기업이다. 전 세계 최대 해상풍력 발전 회사로 성장한 오스테드는 에너지원인 석유와 천연가스를 생산하던 회사에서 해상풍력 중심의 친환경 에너지에 초점을 맞춘 기업이 되었다. 이에 따라 기후기술 기업 성공 사례로 언급되고 있다.

오스테드는 현재 전 세계 해상풍력의 3분의 1을 보유하고 있는 글로벌 최대 해상풍력 발전 회사로, 해상풍력 전력 단가를 화석연료보다 저렴하게 판매해 그린 에너지의 세계적 변화에 발판이 되었다. 특히 RE100으로 촉발된 재생에너지 산업 분야에서 그 중요성이 커졌다.

오스테드는 덴마크의 국가 기업에서 전 세계 재생에너지의 중심을 담당하는 회사로 성장을 거듭하고 있다. 재생에너지 솔루션에 관한 기술과 경험, 역량을 바탕으로 세계 각국 정부와 기업들의 녹색 전환을 도우며, 기업의 가치 또한 더욱 커질 것으로 예상된다.

네스트 Neste

네스트는 핀란드의 전통적인 정유 회사로 1948년에 설립되었다. 현재는 세계 최대 바이오디젤 기업으로 매출의 약 20%가 친환경 제품에서 파생되고 있다. 재생 가능 디젤과 SAF 분야의 글로벌 리더로 변신하는 데 성공했다.[30]

네스트는 2005년부터 생물질 원료를 이용한 바이오디젤을 생산해 탄소 배출 감축을 진행하고 있다. SAF를 만드는 세계 최대 생산업체이기도 하다.

정유 사업의 핵심인 석유화학 분야에 대한 기술 노하우를 기반으로 친환경 연료를 생산해내는 기업으로 순조로 전환을 도모했다. 이 덕분에 2018 다보스포럼에서 '글로벌 지속 가능 경영 100대 기업' 중 2위로 선정되기도 했다.

네스트는 저렴한 도시·산업 폐기물을 활용한 바이오연료 생산기술을 개발하고 원료 생산업체에 직접 투자하거나 M&A를 해서 공급망을 강화하는 데도 적극적이다. 2020년 3월 미국 폐식용유 처리업체인 마호가비Mahogaby, 2021년 9월 폐유 처리업체인 어그리트레이딩Agri-Trading을 100% 지분인수해 북미 시장 진출을 위한 원료를 확보하고 있다.

앞으로 항공업계의 환경 규제가 확대될 것이다. EU는 SAF 의무 혼합 비율을 2025년 2%에서 2050년에는 70%까지 의무사항으로 시행할 예정이다. 이로써 SAF 시장이 확대될 것이다. 따라서 네스트의 기업가치와 그 제품에 대한 수요도 커질 것으로 예상된다.

애플

애플은 넷제로를 향한 전 세계 변화의 행보에 가장 빠르고 도발적인 메시지를 던지는 기업이다. 이들의 이야기에 시장은 즉각적으로 반응하고 있다. 애플은 환경에 대한 관심과 책임감을 가지고 지속 가능한 사업 운영과 제품 생산을 위해 기후기술에 주목하고 있다.

애플은 운영 중인 시설에서 100% 재생 가능 에너지를 사용하고 있다. 미국을 비롯한 여러 국가에서 태양광 발전소와 풍력 발전소를 운영하여 전력을 공급하고, 탄소 발자국을 크게 줄이고 있다.

제품을 만드는 과정에서도 탄소 배출을 줄이기 위해 노력한다. 재활용 가능한 소재를 사용하고 생산 과정, 운송 및 포장 단계에서도 에너지 효율에 최적화된 방법을 따른다. 2030년까지 제품 수명 주기 내에서 사업과 제품의 생산, 운송 및 사용 단계에서 발생하는 탄소 배출을 중립화하겠다는 야심찬 목표를 세우고, 이를 시장에 한 번 더 확인시키기 위해 CEO인 팀 쿡Tim Cook이 직접 광고(〈마더 네이처〉)에 출연해 진정성을 보여주었다.

또 협력업체 및 협력사 생산 시설에 100% 재생에너지 사용을 권장하며 탄소중립 목표 달성을 독려하고 있다. 제품의 LCA를 실시하도록 권장하고 환경 평가에 대응하도록 권고하며 환경적 영향을 줄일 방법을 식별하고 개선하는 데 앞장서고 있다.

애플의 발 빠르고 깐깐한 행보는 소비자들의 충성심으로 이어진다. 이러한 노력은 현실적으로 많은 도전과제를 야기했지만 결국 전 세계에 긍정적인 영향을 창출했다. 어차피 가야 할 목표에 제일 먼저 발을 내딛고 달려나가는 그들이 매우 영리해 보인다.

존디어 John Deere

존디어는 농업계의 테슬라, 구글Google로 불리며 아그테크AgTech* 를 이끄는 회사다. 농업 및 건설 기계에 기후 관련 기술을 적극적으로 적용하여 지속 가능성과 효율성을 개선했다. 존디어의 사례는 기후기술의 도입이 기업의 아이덴티티를 시장에 주지시키고 지속 가능한 기업이라는 이미지를 선점해 기술 경쟁력을 가져가는 데 큰 도움이 된

* 농업agriculture과 기술technology의 합성어로 첨단기술을 농산물 생산에 적용하는 기술.

다는 것을 보여준다.

존디어의 농업 및 건설 기계는 친환경적 디자인과 개선된 엔진으로 탄소 배출을 낮추고, 바이오디젤 및 대체 연료를 적극적으로 사용한다고 알려져 있다. 또 센서와 데이터를 활용해 농작업에 관한 의사결정을 지원하며, 물, 연료 및 비료 사용을 최적화하여 환경 영향을 줄였다.

존디어는 로봇·컴퓨터 비전·머신러닝 기술을 결합해 잡초에만 정확하게 농약을 뿌리는 기술(시 앤 스프레이see&spray)을 선보였다. 이 기술은 기존에 무작위로 뿌릴 때보다 제초제 사용량을 80% 줄였다.

2023년 CES는 센서와 컴퓨터 비전을 활용한 완전 자율 트랙터를 선보이며 시장의 관심을 집중시켰다. 이 트랙터는 수확만 하는 게 아니라 다음 농사를 위해 지나간 바퀴 자국 속에 씨앗과 물 비료를 집어넣는다. 농부는 모니터로 트랙터가 작업한 면적이 얼마나 되는지 지도에서 실시간으로 확인하기만 하면 된다.[31]

이렇게 인력과 장비, 에너지를 모두 효율화하겠다는 존디어의 고민은 타 산업에 새로운 영감을 불어넣었다. 또 새로운 기후기술의 협업 사례까지 만들어내고 있다.

마이크로소프트 Microsoft Corporation

마이크로소프트는 IT 기업 중 단연 기후 환경에 큰 관심을 갖고 넷제로를 선도하는 기업이다. 이는 기후 위기에 관심이 많은 빌 게이츠의 영향도 있을 것이다.

마이크로소프트는 클라우드 서비스와 AI 기술을 이용해 친환경적인 솔루션을 제공하며, 넷제로 달성을 실천하는 책임감 있는 기업 이미지로 변화를 이끌고 있다. 2025년까지 탄소 발자국을 절반으로 줄이는 '마이크로소프트 365 탄소 저감MS 365 Carbon Reduction'을 발표하기도 했다.

또한 마이크로소프트는 〈2022 환경 지속 가능성 보고서〉를 통해, 2030년까지 탄소 네거티브, 워터 포지티브Water Positive, 제로 웨이스트 기업으로서 생태계 보호에 앞장서겠다고 발표했다.

10억 달러 규모의 기후 혁신 기금Climate Innovation Fund을 통해 기후 혁신 가속화에 투자하기도 했다. 2020년 기후 혁신 기금을 설립한 이래 에너지, 산업 및 자연 시스템의 지속 가능한 솔루션을 포함, 50개 이상의 글로벌 투자 포트폴리오에 6억 달러 이상을 할당하며 산업계의 다양한 변화를 모색하고 있다.

향후 기후 위기를 해결하는 데 필요한 지속 가능성 솔루션의 규모 역시 확대하고 있다. 기후 영향력 증대를 위한 AI 솔루션 발전, 투자를 통한 지속 가능성 시장 개발 가속화, 배출량 측정 및 컴플라이언스 개선 도구 개발이라는 3가지 핵심 분야에 지속적으로 투자할 계획이라고 밝혔다.[32]

마이크로소프트와 같은 클라우드 서비스 사업자, IT 인프라를 보유한 기업은 필연적으로 전기를 매우 많이 사용한다. 특히 아직 화석연료를 통해 생산한 전기의 사용 비율이 높다. 이를 점차 재생에너지 사용으로 전환하는 적극적인 노력이 필요하다.

마이크로소프트는 RE100과 더불어 매립 폐기물 제로화를 선언했다. 이를 위해 '2030 폐기물 제로 이니셔티브'를 발표했는데, 고형물, 퇴비, 전자제품, 건설 및 철거, 유해 폐기물 등을 재활용, 용도 변경, 재활용하면서 발생되는 폐기물 양을 줄이고, 포장재에서 일회용 플라스틱을 모두 없애는 것을 목표로 한다.

그뿐만 아니라 디지털 기술을 통한 고객의 순환 경제 전환을 적극적 모색하는 행보도 매우 흥미롭다. 특히 AI를 적용한 순환 센터Circular Center를 설립했는데, AI 알고리즘을 바탕으로 내용 연수가 다한 서버들의 부품, 다른 하드웨어 부품 등을 재활용할 수 있는지 파악하여, 서버 부품의 재활용률을 90%까지 끌어올리고 매립 폐기물 최소화를 추진하는 시설이다. 데이터 센터에서 서버 수명 주기 연장, 부품 재활용 등을 통해 IT 인프라의 낭비를 최소화하고, 제품에 재활용 포장재를 사용하는 것처럼 자체 사업에서도 적극적인 순환 경제 사례를 만들며 IT 기업의 본보기가 되고 있다.

마이크로소프트는 기후기술과 IT기술의 시너지 효과를 내며 기후기술의 시대에서 기회를 선점하고 있다. 이들의 활동에 많은 관심을 두고 적용할 수 있는 좋은 사례를 바로 벤치마킹해보는 것도 훌륭한 전략이 될 수 있을 것이다.

그 외

앞서 2장에서 다뤘던 기후기술업체도 다시 한번 언급하고자 한다. 세계 최대의 물 문제를 해결하는 첨단기술, 솔루션 및 서비스 분야의 글로벌 리더인 자일럼, 박막 태양전지 기술을 개발하여 태양광 패널의 효율성을 높이고 대규모 태양광 발전소에 이를 적용해 청정전기 생산을 도모한 퍼스트 솔라, 전 세계에 풍력 발전소를 구축하여 재생가능한 에너지를 공급하는 베스타스 윈드 시스템스, 폐기물 처리와 재활용 기술을 통해 폐기물을 최소화하고 재활용률을 높이는 웨이스트 매니지먼트 등이 그것이다. 이들은 기후기술 회사로서 타 분야와의 협업 사례를 만들며 시장의 밸류에이션을 높이고 있다.

국내 기업 사례

이번에는 국내 기업의 사례를 살펴보자. ESG에 대한 관심은 비용의 지출로만 치부하던 관점에서 나아가 이를 공격적인 사업 활동을 위한 창矛이자, ESG에 대한 대응을 위한 방패盾로 삼으면서 어느 쪽에 치우침 없이 중요한 주제가 되었다.

온실가스 배출과 관련된 전체 산업의 변화도 이러한 흐름과 밀접하게 연관되어 있다. 정부의 넷제로 2050 선언에 맞물려, 주요 산업을 리딩하는 기업에서도 넷제로 2050, 더 나아가 넷제로 2040이라는 매우 도전적인 목표를 세우고 있다.

주요 대기업들이 먼저 넷제로의 실질적인 행보를 보이고 있다. 또 파트너사, 협력업체들도 긴밀하게 연관되어 온실가스 감축 활동에 참여하고 있다. 주요 글로벌 의제에 동참하며 탈탄소 산업으로의 진입을 빠르게 꾀하고 있는 국내 기업들의 노력에 응원의 힘을 더하고 싶다.

SK

SK는 ESG, 기후 위기 같은 핵심 주제를 리스크 및 문제 해결의 방식을 넘어 국내외 사업 환경의 급속한 변화와 경쟁에서 사업 본연의 혁신과 성장의 새로운 기회를 창출하는 영역으로 인식하고 있다. 또 환경, 에너지 등 다양한 분야에 투자하고 기후기술에 관심을 기울이며 선도적인 행보를 보이고 있다.

SK의 핵심 산업 중 가장 적극적으로 넷제로를 실천하는 기업은 SK 이노베이션이다. 이들은 석유 제품의 개발 및 유통에서 탈피해 전기차 배터리 제조사(SK온 수퍼 패스트 배터리, 코발트 프리 배터리 등)로서 친환경 자동차 시장에 집중하며 새로운 성장 동력을 확보하고 있다. 또 대기 중 배출되는 이산화탄소를 포집해 활용 또는 저장하는 기술인 CCUS와 관련한 기술을 개발 및 실증하고 있다.

또한 미국 SMR 회사인 테라 파워Terra Power와 차세대 원전 기술 개발 및 사업화를 위한 상호 협력 계약을 체결하면서, 미래 기술에 대한 투자도 열심히 진행하고 있다.

SK지오센트릭의 경우, 폐플라스틱 재활용 기술을 개발하고 세계 최대 플라스틱 리사이클 클러스터를 조성할 예정이며, 플라스틱 자원 선순환을 위해 '화학적 재활용Chemical Recycling' 방식을 적용하는 것으로 알려져 있다. 화학적 재활용은 플라스틱을 기계로 분쇄, 세척한 뒤 녹이는 기계적 재활용 방식보다 제품 수준이 우수하고 반복적인 재활용이 가능해 플라스틱 문제의 근본적인 해결책이 될 전망이다.

2026년 상업 생산이 목표지만, 벌써 4만~5만 톤에 달하는 공급 요청을 받고 있다. 2025년을 전후로 유럽, 미국을 중심으로 재활용 플라스틱 필수 규제가 현실화되면 글로벌 기업(코카콜라 컴퍼니The Coca-Cola Company, 펩시코Pepsico, 네슬레Nestle 등)들이 반드시 확보해야 할 자원인 폐플라스틱을 재활용하는 기술을 선도하는 업체로 많은 관심을 받고 있다.

SK E&S는 CCUS를 비롯한 에너지 분야 탄소 감축 솔루션에 지속적인 투자를 진행하고 있다. 최근 글로벌 수소에너지 선도기업 플러그 파워Plug Power와 SK E&S 합작법인은 국내 수소 산업에 1조 원을 투자하기로 결정한 것으로 알려져 있다.

SK 에코플랜트는 1조 8000억 원을 들여 폐기물 처리, EMC 등을 담당하는 폐기물 처리업체 10곳을 비롯한 재활용 기업과 폐플라스틱 재활용 기업 등을 인수하여 사업모델 자체를 환경·순환 경제 중심으로 변화시키고 있다. 최근에는 유럽 전기차 폐배터리 재활용 시장 선점을 위한 제휴(SK에코플랜트-에코프로-TES, 완결적 순환체계 구축 예정) 및 중국 폐배터리 리사이클링 거점 확보 등의 행보로 지속적인 시장의 주목을 받고 있다.

SK㈜C&C는 ICT 전문 역량을 기반으로 ESG 컨설팅, ESG 종합진단 플랫폼인 클릭ESG ClickESG , LCA 관련 솔루션인 디지털 카본 패스포트 Digital Carbon Passport , 자발적 탄소 감축 인증·거래 플랫폼인 센테로 Centero 등의 서비스를 제공하며, 넷제로와 ESG 영역에서 새로운 성장의 축을 구현하고 있다. 앞으로 기후 공시 관련 규제와 제도가 고도화될수록, 산업별로 필요한 데이터의 체계적인 관리와 국내외 공시 체계와 연결되는 플랫폼의 전문화가 중요해질 것으로 예상된다.

SK는 기후 변화로 촉발된 위기의 파고를 단순히 넘어가는 것만이 아니라 기회로 삼아야 함을 전체 경영회의에서 주요 아젠다로 설정하고 전 영역에서 변화와 혁신을 꾀하고 있다. 진정성 있게 넷제로를 달성하는 선도적인 행보는 한국을 넘어 아시아, 전 세계에 기후기술이 넷제로 달성의 필수조건이라는 것을 보여준다.

포스코 POSCO

유럽의 CBAM으로 세계 철강업계가 탄소중립 전환이라는 새로운 환경에 적응하기 위해 노력을 기울이는 가운데, 포스코는 변화가 가장 시급한 기업이다. 제품 생산 단계에서 온실가스 배출 감축을 위한 적극적인 노력을 통해 앞으로도 리딩 기업으로서 지속적으로 성장하기를 기대해본다.

포스코는 2020년 12월 2050 탄소중립 로드맵을 발표했다. 수소환원제철 기반 2050 탄소중립을 목표로 사업장 감축 경로를 2030년 10% 감소, 2040년 50% 감소로 설정해서 기후 변화에 선도적으로 대응하기로 했다.

저탄소 대응 전략으로 그린 프로세스Green Process라는 CCUS 개발 및 수소환원제철 하이렉스HyREX 기술 상용화 전략을 제시했다. 또 그린 프로덕트Green Product를 통한 저탄소 철강제품, 이차전지소재에 대한 개발에 집중하고자 한다.

수소환원제철기술인 하이렉스는 석탄 같은 화석연료 대신 수소를 쓰는 혁신적 기술로, 포스코는 2026년 하이렉스 시험 설비를 준공한 후 2030년까지 상용화 기술 개발을 완료하고, 생산 설비를 수소환원제철 방식으로 단계적으로 전환할 계획이다.

포스코는 친환경 소재 포럼 2022에서 탄소중립 마스터 브랜드 그리닛Greenate을 출범하며, 기존 생산하던 철강 제품과의 차별화를 시도하는 작업도 진행하고 있다.

포스코는 탄소중립 2050 실현에 박차를 가하기 위해 수소환원제출 공법 개발 가속화, 스마트 팩토리Smart Factory 구축, 2차전지 투자 등 탈철강으로 포트폴리오 혁신을 가속화하고 있다. 이는 기업 지속 가능성 측면에서 투자자에게 긍정적 평가를 받고 있다.

삼성전자

국내외 촘촘한 규제와 ESG 경영 강조로 그 어느 때보다 기업 환경이 다변화한 요즘, 삼성전자는 넷제로를 달성하기 위한 실행방안을 구체화하는 데 진중하게 고민하고 있다. 삼성전자는 '신新 환경 경영 전략'을 공개하며, 초저전력 반도체·제품 개발 등 혁신기술 투자를 통해 기후 위기 극복에 동참하고, 2050년 탄소중립 목표를 선언했다.

삼성전자는 공정가스 저감, 폐전자제품 수거 및 재활용, 수자원 보존, 오염물질 최소화 등 환경 경영 과제에 향후 7년간 7조 원 이상을 투입한다고 한다. 또 RE100(2030년까지 재생에너지 100%로 사용전력 전환) 및 공급망 간 탄소중립에 대한 구체적인 요구사항에 대응하기 위해 제품의 공정별 에너지 사용 및 온실가스 배출량과 관련하여 다양한 고민과 시도를 하고 있다.

삼성전자는 2022년 말 국제 표준에 의거해 반도체 사업에 대한 LCA 체계를 완성했다. 글로벌 에너지·환경 전문기관의 제3자 검증을 완료했다. 나아가 혁신적인 초저전력 기술을 개발하여 제품 사용 단계에서 전력 사용을 줄이고, 원료부터 폐기까지 제품 전생애에 걸쳐 자원순환을 극대화할 방침이다.

원료부터 폐기·재활용까지 전자제품의 모든 주기에 걸쳐 자원순환성을 높이기 위해 자원 순환 체제에 대한 구체적인 논의도 계속하고 있다. '순환경제연구소'를 설립했을 뿐만 아니라 탄소 포집·활용 기술을 개발하고 상용화해 2030년 이후 반도체 제조시설과 협력사까지 이를 적용하기 위해 반도체 업계 최초로 '탄소포집연구소'를 설립했다. 또 친환경 기술로 사회공헌을 이어가기 위해 친환경 분야의 스타트업을 육성·지원하는 정책도 펼치고 있다.

특히 제품의 사용 단계에서 발생하는 탄소 배출을 저감하는 데 기술적 역량을 집중하고 있다. 삼성전자의 제품을 사용하는 것 자체로 탄소 배출 저감에 동참한다는 인식을 사용자에게 심어주며 소비와 연계되는 가치에도 많은 관심을 가지는 것으로 보인다.[33]

삼성전자는 사업의 A부터 Z까지 전 영역과 가치사슬을 꼼꼼히 계획하고 차분하게 리스크에 대응하고 기회를 포착할 준비를 하고 있다. 순환경제연구소와 탄소포집연구소를 선도적으로 실행하며 기업 경쟁력으로 연결되는 사례와 비즈니스를 시도할 것으로 기대된다. 추후 선도기업으로서 경험과 시행착오 등을 공유해 한국의 많은 기업이 넷제로 시대의 대응법을 얻었으면 한다.[34]

LG전자

LG전자는 국내외 급변하는 기업 환경 속에서도 업에 충실하면서 넷제로를 향해 나아가고 있다. 2030년까지 탄소중립 달성을 목표로 하며, 내부 감축으로 2017년 대비 배출량을 50% 줄이고, 나머지 절반은 외부 상쇄를 활용할 계획임을 밝혔다. 할당받은 배출권 중 남은 양을 2017년부터 국내 배출권 거래제를 통해 판매하고 있고, 얻은 수익은 온실가스 감축 사업과 에너지 효율화에 재투자하고 있다.

외부 상쇄를 위한 감축 프로젝트 역시 꾸준히 추진 중이다. 그 예로 인도에 고효율 냉장고를 보급하는 사업을 2013년 청정 개발 체제Clean Development Mechanism, CDM 사업으로 UN에 등록해 전기 사용량을 줄인 만큼 탄소 배출권을 부여받고 있다.

고객이 제품을 사용하는 단계에서 탄소 배출이 더 많이 이루어진다. 따라서 에너지 고효율 제품 개발을 위해 2002년부터 LCA를 시작하여 주요 제품군의 환경 영향을 이미 정량화했다. 2011년 주요 제품군의 전 과정 목록 분석Life Cycle Inventory, LCI 데이터베이스 구축 및 2018년 개발 단계에서 지구온난화, 자원 고갈, 오존층 파괴 등 13개 영향 범주 내에서 제품 환경 영향을 평가할 수 있는 간이 전 과정 평가Simplified LCA 툴도 개발 완료했다. 이로써 제품 개발 단계부터 잠재적 환경 영향을 평가하고 친환경 제품을 개발할 기반을 마련했다.

최근 러시아-우크라이나 전쟁을 겪으며, 에너지 비용에 더욱 민감해진 유럽에서 히트펌프의 판매가 급증했다. LG전자의 히트펌프 또한 많은 관심을 받고 있다. LG전자는 전통 가전의 에너지 효율을 개선하고 히트펌프, ESS 등 새로운 친환경 제품을 내놓으며 세계 에너지 고효율 제품 시장을 개척하고 있다.

제5장

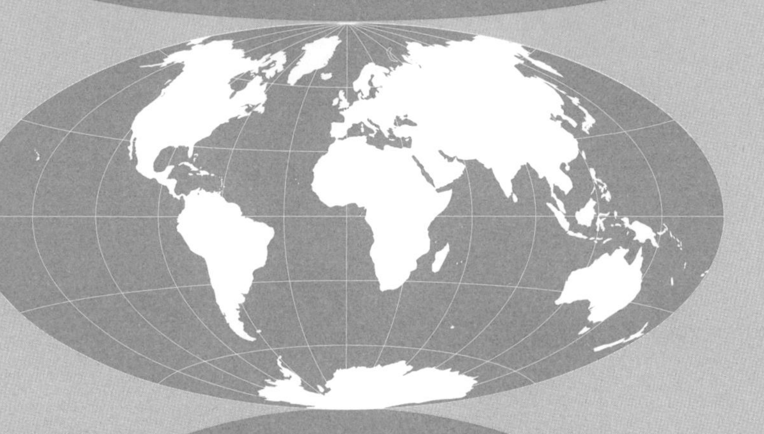

기후기술에 돈이 몰리고 있다: 기후기술 투자의 큰 흐름

유망한 분야에는 돈이 몰리기 마련이다.
그리고 현재 기후기술에
전 세계의 돈이 몰리고 있다.
이러한 기후기술에 대한 투자는
수익을 추구할 뿐만 아니라
사회적, 환경적 문제를 해결하는 데
기여한다는 측면에서 더욱 의미가 크다.

언제나 돈이 가장 먼저 움직인다. 좋은 수익률을 거두는 투자자들은 기가 막히게도 가장 성공할 분야, 제품을 알아보고 투자한다. 그래서 트렌드를 알려면 돈이 움직이는 흐름을 봐야 한다.

지난 3년간 ESG 경영은 가장 큰 화두가 되었다. 좌초자산에 투자하는 기업에게는 더 이상 투자하지 않겠다고 선언한 블랙록을 필두로 투자 생태계의 변화는 기업의 경영 최전선까지 많은 영향을 미치며 새로운 방향을 제시했다.

이제 산업의 트렌드는 무엇일까? SDM하에서 변화하는 개인의 삶은 기업의 경영 환경에 영향을 미칠 것이다. 이에 대한 논의가 모이는 곳이 바로 앞으로 화두가 될 분야다. 이제 기후기술 영역에 집중적으로 투자하고 성과를 얻기 위한 전문화된 투자 방식이 이루어지고 있다.

임팩트 투자Impact Investing란 무엇인가?

록펠러 재단 등의 지원을 받아 2009년 설립된 세계 임팩트 투자자 네트워크인 GIIN Global Impact Investing Network 에 따르면, 임팩트 투자 또는 사회적 영향 투자Social Impact Investment 란 '재정적인 보상과 함께 긍정적이고 측정 가능한 사회적, 환경적 영향을 목적으로 하는 투자'를 의미한다.[35]

투자 행위를 통해 수익을 추구하는 것뿐만 아니라 사회나 환경에 긍정적인 영향을 미치는 사업이나 기업에 돈을 투자하는 행태가 바로 임팩트 투자다. 이전까지 착한 투자는 사회적으로 '나쁜 기업'을 배제하고 '착한 기업'에 투자한다는 점에서 사회책임투자Socially Responsible Investment, SRI 와 유사했다. 하지만 임팩트 투자는 구체적인 수익률을 가지고 사회 문제나 환경 문제에 긍정적인 영향력을 발휘할 수 있는 사업이나 기업을 적극적으로 찾아나서며 장기적으로 투자한다는 점이 다르다.[36]

임팩트 투자는 기업의 사회적 가치나 환경적 가치를 고려하여 투자하는 것이 목적이기 때문에 기후기술 분야에 투자하는 사례가 많다.

임팩트 투자기관들의 투자 금액은 각기 다르며, 수익률이 고정적으로 보장되는 것은 아니다. 임팩트 투자는 단순한 수익 추구가 아닌 사회적, 환경적 문제 해결에 대한 기여도가 함께 고려되기 때문에 의미가 더욱 크다.

누가 글로벌 임팩트 투자를 하는가?

글로벌 임팩트 투자사들은 초기 연구부터 산업에 바로 적용 가능한 상용화 기술까지 다양한 단계에 투자하고 있다. 기후기술은 기술 검증까지 매우 오랜 시간이 소요되기에, 투자사로서는 초기에 가능성이 보이는 회사 여러 곳에 가볍게 투자를 해두고, 단계별 검증이 진행되면 더 많은 자금을 순차적으로 투여한다.

이번 장에서는 주요한 임팩트 투자사들을 정리해보았다. 투자사 홈페이지의 포트폴리오를 보면 그 투자사들이 중요하게 고려하는 투자 방향과 성과를 확인할 수 있다. 빠르게 변화를 이끌어가고 있는 기후기술의 트렌드를 가장 먼저 만나볼 수 있을 것이다.

BEV (https://breakthroughenergy.org)

빌 게이츠가 이끄는 에너지 기술에 특화된 임팩트 투자사로, 청정에너지, 기후 변화 등의 분야에 약 20억 달러 이상의 자금을 투자하고 있다.

전 세계 과학자들에게 기후기술에 대한 관심을 환기하고 다양한 목적의 대회를 개최하며 기후기술 연구와 적용에 많은 지원을 하고 있다. 특히 청정수소, 장기 에너지 저장, SAF, DAC, 시멘트, 강철, 플라스틱을 탈탄소화하여 제조하는 분야를 우선순위로 선정하여 투자하고 있다.

제너레이션 인베스트 매니지먼트 Generation Investment Management (https://www.generationim.com)

앨 고어Al Gore와 데이비드 블러드David Blood가 지속 가능한 투자를 통해 사회적 가치를 창출하고자 설립한 임팩트 투자사다. 기후 변화 및 자원 공급, 지속 가능한 인프라 및 기술 등 다양한 분야에 100억 달러 이상의 자금을 투자하고 있다.

DBL 파트너스 DBL Partners (https://www.dbl.vc)

클린 에너지, 건강, 지능형 인프라 등의 분야에 투자하는 임팩트 투자사로, 15억 달러 이상의 자금을 운용하고 있다.

[표9] 세계의 임팩트 투자사

투자사 명	설립 연도	투자 자산	성공 사례	출처
제너레이션 인베스트 매니지먼트	2004년	300억 달러	프로테라Proterra, 그린스카이GreenSky, 차지 포인트ChargePoint 등	https://www.generationim.com
DBL 파트너스	2004년	18억 달러	오프그리드 일렉트릭 Off-Grid Electric, 브라이트소스 에너지 BrightSource Energy 등	https://www.dbl.vc
그린소일 프롭테크 벤처스 Greensoil Proptech Ventures	2011년	2억 달러	카본큐어 테크놀로지스 CarbonCure Technologies, 빌딩 로보틱스Building Robotics 등	https://www.gspv.vc
EIF Ecosystem Integrity Fund	2013년	2억 달러	엘리멘탈 엑셀러레이터 Elemental Excelerator, 레벨텐 에너지 LevelTen Energy 등	https://eif.vc
프렐류드 벤처스 Prelude Ventures	2013년	2억 달러	라일락 솔루션스 Lilac Solutions, 제로아비아ZeroAvia 등	https://www.preludeventures.com
오비어스 벤처스 Obvious Ventures	2014년	5억 8500만 달러	비욘드 미트Beyond Meat, 프로테라, 클로버 푸드 랩Clover Food Lab 등	https://obvious.com
BEV	2015년	25억 달러	카본큐어 테크놀로지스, 퀀텀스케이프 QuantumScape 등	https://breakthroughenergy.org

EIP Energy Impact Partners	2015년	15억 달러	차지포인트 ChargePoint, 오푸스 원 솔루션스 Opus One Solutions 등	https://www.energyimpactpartners.com
클라이밋 벤처스 2.0 Climate Ventures 2.0	2020년	1억 2500만 달러	베터리 리소서스 Battery Resourcers, 엔넷 서비스 En-Net Services 등	https://www.secondmuse.com
프라임 임팩트 펀드 Prime Impact Fund	2020년	5000만 달러	카본큐어 테크놀로지스, 라일락 솔루션스 등	https://primeimpactfund.com

* 설립 연도 순으로 정렬, 투자자산은 해당 투자사 사정에 따라 변경될 수 있음.

글로벌 임팩트 투자사들이 손꼽는 기후기술의 성공 사례

[표9]를 보면 성공 사례 중 몇몇 기업이 중복된 것을 볼 수 있다. 글로벌 임팩트 투자사들이 생각하는 기후기술 성공 사례들을 살펴보자.

카본큐어 테크놀러지

캐나다의 클린테크 스타트업인 카본큐어 테크놀로지는 콘크리트를 제조할 때 이산화탄소를 재활용하여 콘크리트 강도를 높이는 기술을 개발했다. 2020년 9월 기준, 전 세계적으로 290개 이상의 시설에서

이 기술을 적용하고 있다.

리뉴 파워 Renew Power

인도의 신재생에너지 회사인 리뉴 파워는 임팩트 투자사들의 지원을 받아 2019년 3월 이후 4번의 자금 조달에 성공했다. 5년간 총 9억 달러 이상의 자금을 모아서 풍력 및 태양광 발전을 통해 인도의 전력 공급에 기여하고 있다.

탄소 포집의 활용 사례로 자주 언급될 만큼, 리뉴 파워의 기술은 실용화 단계까지 많이 진전된 기후기술 사례로 꼽힌다. 향후 탄소 활용의 분야에 대한 아이디어 및 추가 연구를 이끌어내고 있다.

아클리마 Aclima

미국 캘리포니아주에 본사를 둔 아클리마는 임팩트 투자사에게 지원받은 자금으로 성장해 2018년에는 1억 달러 이상의 자금을 조달하고, 공기 오염 감지 및 모니터링을 위한 기술을 개발하고 있다.

아클리마의 모바일 감지 플랫폼은 구글 지도 및 스트리트 뷰에 자동차와 통합한 서비스를 제공하고 있다.

인디고 어그리컬처 Indigo Agriculture

인디고 어그리컬처는 미국 매사추세츠주 보스턴에 본사를 둔 농업기술 회사다. 면화, 밀, 옥수수, 대두 및 쌀의 수확량 향상을 목표로 식물 미생물을 활용하고 있다. 미생물로 양질의 토양을 만들어 생산성을 증대하는 방식이 기존의 농업에서 미생물을 활용하는 방식이었다면, 인디고 어그리컬처는 종자 안에 살고 있는 미생물을 이용해 식물 성장에 유효한 미생물을 종자가 더 많이 갖도록 해서 생산량을 늘리는 기술을 연구하고 있다.

임팩트 투자사인 디 엔진The Engine, 플래그십 파이어니어링Flagship Pioneering, 베일리 기포드Baillie Gifford 등에서 자금을 조달해 성장하고 있다. 2019년 3월에는 시리즈 E 라운드에서 1억 5000만 달러 이상의 자금을 조달하여 지속 가능한 농업을 위한 기술을 개발하고 있다.

퀀텀스케이프

2010년에 설립된 퀀텀스케이프는 전기차의 진화에 필수 요소인 '전고체전지Solid-state Battery'를 개발하는 스타트업이다. 이 전고체전지는 차세대 배터리 시장을 선도할 '꿈의 배터리'라고 불린다.

퀀텀스케이프의 고체 분리막은 리튬 금속 음극 배터리의 안정적인 사이클링을 가능하게 하는 기술로 안전성이 높다고 평가받고 있다. 퀀텀스케이프의 기술은 전기차 및 기타 에너지 저장 응용 분야에서 기존 배터리 기술과 비교했을 때 범위가 넓고 안전하다. 에너지 밀도가 높고 빠른 충전이 가능하며, 오래 사용할 수 있는 내구력까지 갖춘 것으로 알려져 있다.

한국의 임팩트 투자사

한국의 임팩트 투자사는 그 연혁과 금액 규모가 아직 작은 편이다. 한국에서는 기후기술 관련 스타트업이 아직 태동기에 있기 때문에 투자와 기후기술 사업 모두 초기 단계라고 할 수 있다.

하나의 스타트업이 여러 군데의 임팩트 투자사의 투자를 받는 경우도 더러 있다. 더 많은 기업이 이에 참여할 수 있도록 기후 변화와 관련된 고민이 사업으로 이어지는 풍토가 자리 잡았으면 한다. 또 가치 있는 기술의 시도가 뒷받침되는 시장이 열렸으면 한다. 기후기술 세계에 다양한 성공이 일어나고, 기후 위기로 촉발된 위협이 오히려 기회로 역전되는 사례가 매우 기다려진다.

국내의 전문 임팩트 투자사로는 다음과 같은 기업들이 있다.

소풍벤처스 (https://sopoong.net)

소풍벤처스는 국내 기후기술 관련 투자사 중 가장 두드러진 활동을 보여주는 투자사로 자리매김하고 있다. 다양한 기후기술 관련 회의와 전문가 토론 세미나(월간 클라이밋)를 주최하여 이해관계자들 간 네트워킹에도 많은 노력을 기울이고 있다.

소풍벤처스의 행보는 국내 기후기술의 성장 방향과도 많은 접점이 있다. 건전한 기후기술 투자사로서 적극적인 지원과 지속적인 투자로 기후기술 성공사례를 만드는 데 큰 역할을 하고 임팩트 투자자로 단단히 자리를 잡았으면 한다.

소풍벤처스는 기후기술 스타트업 투자 및 육성에 전격적으로 나서고 있으며, 민간 자금으로만 조성된 약 100억 원 규모 펀드 자금의 50% 이상을 기후기술 스타트업에 투자할 예정이다. 주로 국내 초기 스타트업에 1억~5억 원을 투자할 계획이다.

소풍벤처스는 신재생에너지, 농식품, 순환 경제 및 기후 변화를 완화하거나 기후 변화 적응에 도움을 주는 기술 기반 창업 팀에 투자하고 있다. 임팩트 클라이밋 액셀러레이팅 프로그램을 운영하며,[37] 기후 위기(온실가스 감축, 적응 기후기술 영역) 스타트업에 집중 투자하고 있다.

인비저닝 파트너스 (https://envisioning.partners/)

2021년 8월 설립 후 매우 빠른 속도로 한국 내 기후기술 투자사로 발돋움하고 있다. 포트폴리오에서 기후기술의 비율이 투자금액 기준 53%에 해당하며, 에너지 전환 촉진, 산업 및 순환 경제, 지속 가능한 농식품, 카본테크, 기후 변화 적응 관련된 기술에 투자하고 있다.

최근 〈임팩트 리포트 2023〉을 발간해 다양한 투자기업을 소개하고 향후 발전 방향을 공개하며 기후기술 기업에 대한 지원과 관심을 촉구하고 있다. 기후기술의 성공을 위해 발 빠르게 투자하고, 관련 업계의 신망 있는 역할을 자처하는 인비저닝 파트너스의 행보에 많은 관심과 응원을 보낸다.

[표10] 소풍벤처스의 기후기술 분야 및 투자사 설명 자료

산업 영역	기술 분야	기술 예시
에너지	• 재생에너지(태양광, 태양열, 풍력, 수력, 해양, 지열, 수열 등) 생산, 공급, 효율화 • 수소, 암모니아 제조, 구축, 운영 • ESS, ICT기반 에너지 관리 솔루션 등	• 풍력, 태양광, 수력 발전, 바이오연료, 조석, 지열 등의 신재생에너지기술 예) 이버 테크놀러지Eavor Technologies : 지열 에너지 솔루션 제공 • 배터리, 수소 등의 에너지 저장기술 예) 폼 에너지Form Energy : 재생에너지 전력을 안정적으로 공급할 수 있는 충전용 산화철 배터리 개발 하이리움산업: 액화수소 생산, 저장, 운송 원천기술 확보(소풍벤처스 투자 기업) • 화석연료를 재생에너지로 대체할 수 있는 시스템 예) 아너지Arnergy : 화석연료 발전기를 모듈화된 '태양광+리튬 이온' 저장 시스템으로 교체 • 건설 환경, 주거, 물류, 운송 등 다양한 분야에서의 에너지 효율성 증대 및 재생에너지 적용 방안 • 도시 및 통합 교통 시스템 등 건설 환경에 적용 가능한 재생에너지기술 • 차량, 항공, 해운 등 운송 분야에서의 재생에너지 활용 혹은 에너지 효율화기술 • 에너지 효율화를 이룰 수 있는 건물과 주택의 기기 및 시스템, 냉난방 시설 예) 커넥신Connexin : 효율이 높은 건물, 스마트 시티 인프라기술 개발 • 저탄소 에너지로의 전환을 촉진할 수 있는 디지털화기술 • 보편적 에너지 접근을 늘리고 에너지 빈곤을 줄이기 위한 재생에너지기술 및 서비스 예) 식스티헤르츠: 태양광, 풍력에너지와 ESS를 동시 예측하고 조합 가능한 가상발전소 소프트웨어(소풍벤처스 투자 기업) • 산업 폐열 회수기술 • 효율적인 산업 장비(전기 열펌프, 모터 등) 예) 턴타이드 테크놀로지스TurnTide Technologies : 에너지 소비를 줄일 수 있는 스마트 모터 시스템 제공 • 전력 손실이 적거나, 재생에너지로 생산한 전력을 효율적으로 송전 가능한 시스템 예) VEIR: 재생에너지를 위한 고온 초전도체 기반의 전송 선로 개발

		• 자원과 에너지를 효율적으로 사용하고, 재생에너지·클린테크를 이용한 생산 방식과 생산품 예) 다이아몬드 파운드리 Diamond Foundry : 합성다이아몬드 생산(전체 생산 과정에서 재생에너지 사용)
농식품	• 정밀 농업기술(스마트팜, 스마트 파밍) • 저탄소 사료 및 단백질 대체 가공식품(대체육, 대체 단백질, 곤충 원료 등)	• CCUC를 이용한 스마트 농업 기술 • 탄소 저장이 가능한 바이오차(숯)의 비료화 • 바닷물, 공기 등으로부터 식수를 확보하는 기술 예) 소스 Source : 태양에너지를 이용해 공기로부터 물을 추출하는 재생 식수 공급 시스템 • 생산성을 극대화하여 자원 사용량을 줄일 수 있는 기술 • 식품 운송 과정에서의 탄소 발자국 및 폐기되는 양을 감축할 수 있는 측정기술 • 식량, 채소, 과실, 화훼 작물 등 농산물을 재배하는 과정에서 온실가스 감축에 기여하는 기술이나 방법을 적용하는 활동 • 저메탄, 저단백질 사료 제조 • 대체 가공식품(식물 성분 고기, 곤충원료 등)을 제조하는 활동 예) 위미트: 버섯으로 만든 식물성 대체육(소풍벤처스 투자 기업) 반달소프트: IoT 곤충 스마트팜 솔루션(소풍벤처스 투자 기업)
순환 경제	• 폐기물 발생 억제를 위한 생산 설비 구축 및 운영 • 폐기물 수거, 회수, 선별, 분리, 재활용(재사용, 재제조, 재생 이용), 새활용 • 폐기물 에너지 회수 및 폐자원 열분해	• 물 재이용 시설(하수처리수, 빗물, 중수도 등)을 설치, 운영하는 활동 혹은 기술 • 오염된 지하수를 정화하는 시설을 설치, 운영하는 활동 혹은 기술 • 자원의 효율적인 이용을 통해 폐기물 발생 억제를 위한 생산설비 구축, 운영하는 활동과 기술 • 폐자원의 수거, 회수 및 선별, 분리 설비 구축 예) 에이트테크: 인공지능 로봇을 통한 생활 폐기물 자동 선별 솔루션 개발(소풍벤처스 투자 기업) 오늘의분리수거: 스마트 쓰레기통 및 다회용컵 회수 솔루션 선두기업(소풍벤처스 투자 기업)

		• 재활용 가능 자원을 그대로 또는 고쳐서 다시 쓰거나, 생산 활동에 다시 사용하는 재사용기술 • 분해, 세척, 검사, 보수, 조정, 재조립 등 일련의 성능을 유지할 수 있는 상태로 만드는 재제조기술 • 재활용 가능 자원의 전부 또는 일부를 원료 물질로 다시 사용하는 재생이용(폐유 정제유, 폐금속 재자원화, SRF, 바이오매스 등을 활용한 플라스틱 원료) • 버려지는 자원에 디자인을 더하거나 활용 방법을 바꿔 새로운 가치를 만들어내는 새활용 예) 리하베스트: 식품 생산에서 발생하는 부산물을 활용한 푸드 업사이클링 기업(소풍벤처스 투자 기업) • 산업단지 또는 사업장에서 발생하는 폐부산물을 원료나 에너지로 재활용하는 활동 중 설비를 구축하거나 운영하는 기술 • 축산분뇨, 음식물쓰레기, 하폐수 슬러지의 혐기성 소화 과정에서 발생하는 메탄가스를 활용하기 위한 기술 • 매립장의 매립가스를 에너지, 원료, 연료 등으로 활용하기 위한 설비를 구축, 운영하는 활동
기타	• CCUS, 카본 마켓 • 기후 예측 및 데이터 관리 • 위 분야에 속하지 않지만, 온실가스를 효과적으로 감축하거나 기후 변화 적응에 필요한 기후기술	• CCUS • 이산화탄소 운송 및 네트워크 인프라 구축, 운영기술 • 포집된 이산화탄소의 처리 및 영구 격리기술 • 바이오차 생산 및 토양 살포를 위한 기술 • 위의 구분에는 해당하지 않지만, 상당한 양의 이산화탄소 감축을 할 수 있는 기타 기후기술

* 2023년 10월 현황이며, 투자사의 사정에 따라 해당 내용은 변경될 수 있음
* 출처: https://impactclimate.net/accelerating

그 외

이 외에 순환 경제, 에너지 효율성, 청정기술, 친환경 스마트 도시, 친환경 신소재 등에 투자하는 D3쥬빌리파트너스(https://d3jubilee.com)와 보건, 환경(자원 재활용, 청정에너지, 친환경제품 등), 교육, 불평등해소, 사회 인프라 관련 산업 분야에 투자하는 KAIST 청년창업투자지주(http://kaistventures.com/partners) 등이 임팩트 투자기관으로서 활동하고 있다.

국내 대기업이 후원하는 임팩트 투자사 및 단체도 꾸준히 늘어나고 있다. 공공, 중립적인 성격의 비영리 재단, 독립적인 사회적 기업 등 별도의 독립법인으로서 주체성을 가지고 전문적으로 활동할 수 있도록 지원하는데, 특정 기업의 홍보나 수익을 위한 단체가 아님을 분명히 밝히는 것이 특징이다.

기업의 사회적 책임 경영Corporate Social Responsibility, CSR의 일환으로 시작된 사회적 기업 후원, 사회적 활동가 지원은 CSR이 지향하는 가치인 기업과 사회의 상호작용을 더 적극적으로 추진하는 방향으로 진화하고 있다. 또 사회적 합의를 만들어가며 정착에 시간이 필요한 초기 사회적 기업과 전 인류의 문제인 기후 위기를 극복하는 혁신기술을 가진 창업가를 지원하면서 전문화되고 있다. 관련 기술에 대한 논의가 활발히 이루어지는 생태계를 구성하는 데 실질적인 도움을 주는 매우 긍정적인 활동이다.

대표적인 사례로, SK그룹이 후원하는 SOVAC Social Value

Connect (https://socialvalueconnect.com/)과 현대자동차 정몽구 재단(https://www.hyundai-cmkfoundation.org/), 스마일게이트 그룹이 후원하는 오렌지플래닛(https://orangeplanet.or.kr/) 등이 있다.

제6장

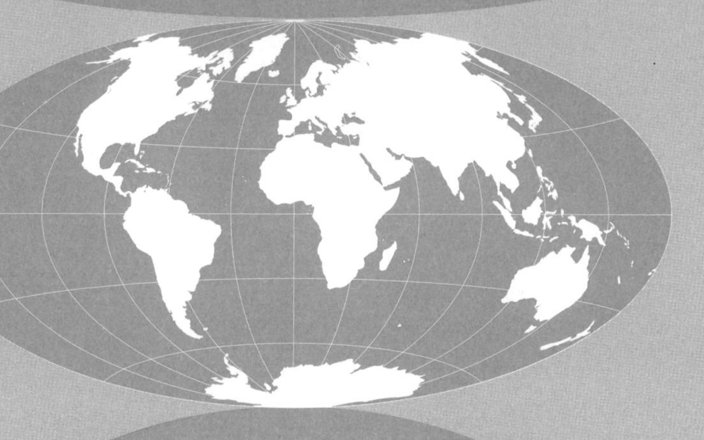

탄소를 잡아야 발전이 보인다: 자발적 탄소 시장의 성장과 함께하는 기후기술

탄소 배출로 야기된
기후 위기는 인류가 뜻을 모아
시급히 해결해야 할 과제다.
하지만 정부의 규제로
탄소 배출 절감 문제를
해결하는 것은 쉽지 않다.
탄소 배출 절감에 다양한 기회가 있고
곧 이득이 된다는 인식과 자발적 참여를
이끌어낼 때 진정한 발전이 시작된다.

현재의 기후 위기에 맞서 탄소중립, 더 나아가 넷제로의 달성은 전 인류에게 매우 중요하고 긴축한 목표다. 하지만 경제적 비용, 국제적 합의와 협력, 새로운 기술 및 인프라의 개발 등 다양한 현안 앞에서 주춤하고 있는 것이 사실이다.

정부 규제를 기반으로 한 의무 감축, 규제적 탄소 시장에 대한 대응만으로는 탄소중립, 넷제로 달성이 묘연하다. 규제적 탄소 시장은 국가, 지역 또는 제도에 의해 제한된 온실가스 총량 내에서 참여자가 할당량을 거래할 수 있으나 새로운 할당량의 창출이 어렵고 제한적이기 때문이다. 반면 자발적 탄소 시장, 즉 VCM은 정부나 규제기관의 직접 감독을 수반하지 않는 자율적인 시장 구조이기 때문에 다양한 기후기술로 온실가스 감축, 제거 활동을 더 적극적으로 펼칠 수 있다.

가까운 미래에는 지속 가능한 투자와 환경적 가치를 위해 진중하게 행동하는 기업만이 투자자와 소비자들의 선택을 받을 것이다. 또 기업은 투자자와 소비자의 기대를 충족하고자 VCM에서 노력하게 될 것이다.

모든 제도와 방식이 초기의 목표와 방향성에 대한 검증의 시간 및 운영을 거쳐 순기능과 역기능을 식별하고 보완되며 정착되듯이, VCM도 점차 많은 이해관계자가 참여하고 다양한 관점에서 검증되면서 안착될 것이다. 기후기술로 펼쳐지는 다양한 감축 활동과 성과의 크기 및 속도는 VCM의 성장과 함께할 것으로 보인다.

VCM이란?

2015년 파리협정에서 참여 당사국들은 스스로 온실가스 감축 목표인 NDC를 설정했다. 이에 따라 5년마다 국제 사회 차원에서 이행 상황을 점검하고 더 강화된 NDC 원칙을 적용하고 있다. 온실가스 배출을 감축하기 위해 법률에 따라 온실가스 배출 허용 총량을 관리하는 규제적 시장Compliance Market, 즉 관련 법률에 따라 배출 허용 총량 한도 내에서 배출권을 거래하는 시장을 중요하게 여겼다.

그러나 탄소중립 선언과 함께 규제적 탄소 배출권 시장뿐만 아니라 자발적 시장Voluntary Market, 즉 법적 규제와 무관하게 기업이 자발적으로 온실가스 감축에 참여하여 탄소 크레딧을 거래하는 시장의 중요성이 점차 부각되고 있다.

자발적 시장에서는 과학적 감축 방법에 기반한 방법론과 사업 계획서에 따른 모니터링 결과를 심의받은 뒤 감축 실적(크레딧)을 받는다. 이때 크레딧이란 엄격한 평가 프로세스에 따라 감축 실적을 인증받고 감축 실적을 거래 가능한 단위로 발행하는 제도다. 크레딧은 기업의 넷제로 달성에 상쇄 크레딧으로 활용될 수 있어 크레딧을 거래하는 시장 또한 성장하고 있다.

이러한 시장에서는 다양한 산업과 공정에 적용할 수 있는 창의적인

[표11] 자발적 탄소 시장과 규제적 탄소 시장의 비교

구분	자발적 탄소 시장	규제적 탄소 시장
운영 주체	**민간 주도**	**국가 주도**
시장 형태	**프로젝트 기반 탄소 시장**	**할당량 기반 탄소 시장**
인증서 형태	**탄소 크레딧***	**탄소 배출권**

* 일부 국가에서는 CDM과 같이 국가가 인증하는 탄소 크레딧을 규제적 탄소 시장의 배출권으로 인정하고 있으며, 한국도 5%에 해당하는 탄소 크레딧을 탄소(상쇄) 배출권으로 인정

* 출처: 정현우, 한언지, 〈탄소상쇄Carbon Offset 거래 시장 확대 및 필요 인프라〉, 한전경영연구원, 2023.06.23.

감축 방법에 대한 시도와 수용이 가능하다. 또 인증받은 크레딧이 부여되기에 많은 시장 이해관계자의 참여를 이끌어낼 수 있다. 이는 넷제로를 달성하는 중요한 동인이 된다.

VCM은 온실가스를 줄이고, 기후 위기에 적극적으로 대응하기 위해 개인, 기업, 정부, 비영리 단체 등 다양한 조직이 자발적으로 탄소 감축 프로젝트에 참여하면서 급격히 성장하고 있다. 나아가 앞으로도 기하급수로 성장할 것으로 보인다. 글로벌 VCM의 규모는 2021년 약 20억 달러 수준에서 2030년까지 100~400억 달러 규모로 5배 성장할 것으로 예상된다.[38] 이러한 흐름 속에서 온실가스 감축 활동에 어떤 포지셔닝으로 참여하고, 지속 가능한 성장을 위해 어떻게 투자할지 점검할 타이밍이다.

[그림15] 자발적 탄소 시장

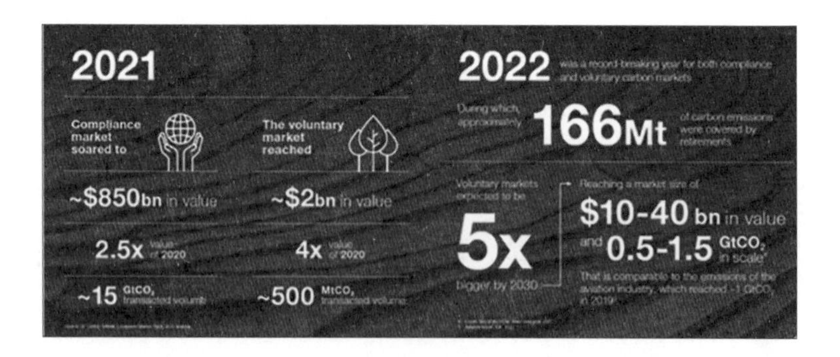

*출처: Shell and BCG, The voluntary carbon market: 2022 insights and trends(https://www.shell.com/shellenergy/othersolutions/carbonmarketreports.html)

[그림16]에서는 VCM의 성장 추세가 2030년을 기점으로 매우 커질 것으로 예상한다. 2023년 현재보다 2030년에는 적게는 25배에서 많게는 무려 500배까지 성장한다.

VCM은 자발적인 온실가스 감축 활동에 따른 보상이 가능한 구조

[그림16] VCM 성장 예상(연간 시장 크기)

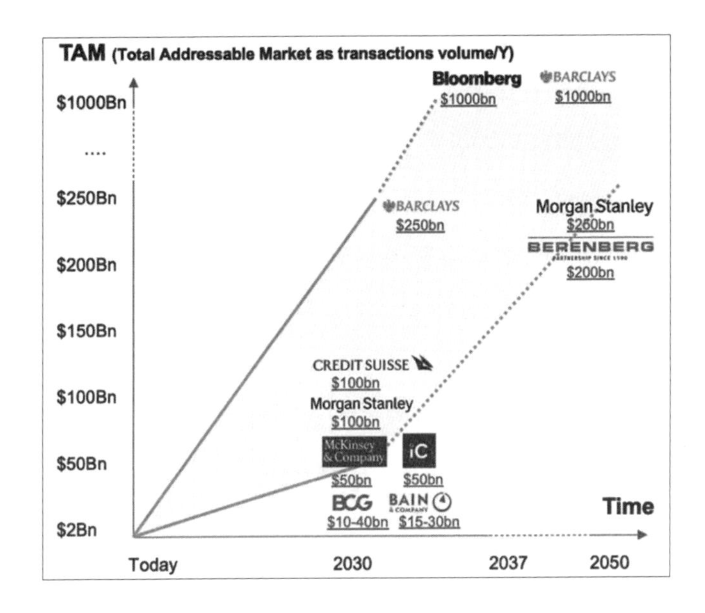

*출처: Collections of various estimates for VCM total traded volume from major banking and consulting firms and Climate Solutions UK (https://carbonrisk.substack.com/p/a-one-trillion-dollar-business)

로 발전되어야 한다. 또 감축 효과 측정이 투명하게 이루어져 감축 실적에 대한 신뢰도를 확보하는 것이 중요하다.

자발적으로 온실가스를 감축하면 기업이 원하는 방식으로 탄소 저감을 실현할 수 있다. 시장 원리에 따라 필요한 크레딧을 거래하고 적극적으로 온실가스 감축에 이바지하는 VCM에서는 국가, 기업, 개인들의 참여와 기여가 점점 중요해지고 있다.

전 세계에서 이미 VCM의 크레딧을 국가 NDC에 활용할 방안에 대한 논의가 진행되고 있다. 하지만 한국의 VCM은 아직 초기 단계다. 2023년 1월에 출범한 대한상공회의소 탄소감축인증센터KCCI Carbon Standard, KCS를 통해 자발적 탄소 감축에 대한 실질적인 움직임이 진행되기 시작했다. 환경부, 산업부 등 정부기관과 민간의 검·인증기관, 감축 실행 기업, 기술 단체 등이 활발하게 논의 중이다. 그 논의의 방향성과 시장에 주는 메시지에 많은 관심이 모이고 있다.

한국의 온실가스 배출권 거래 제도
GHG Emission Trading Scheme[39]

온실가스 배출권 거래 제도는 국가 온실가스 배출량의 73.5% 이상을 포괄하는 대표적 온실가스 관리 제도다. 교토의정서 제17조에 규정되어 있는 온실가스 감축 체제로 정부가 온실가스를 배출하는 사업장을 대상으로 연단위 배출권을 할당하여 할당 범위 내에서 배출 행위를 할 수 있도록 하고, 할당된 사업장의 실질적 온실가스 배출량을 평가하여 여분 또는 부족분의 배출권을 업체 간 거래할 수 있게 허용하는 제도다.

한국의 온실가스 배출권 거래 제도는 '저탄소 녹색성장기본법(2010.01)' 제46조에 의거하여 '온실가스 배출권 할당 및 거래에 관한 법률(2012.05)'이 제정되어 2015년 1월 1일부터 시행 중이다.

온실가스 감축 여력이 높은 사업장은 더 많이 감축하여 정부가 할당한 배출권 중 초과 감축량을 시장에 판매할 수 있고, 감축 여력이 낮은 사업장은 직접적으로 감축하는 대신 배출권을 살 수 있어 비용 절감이 가능하다. 각 사업장이 자신의 감축 여력에 따라 온실가스 감축 또는 배출권 매입 등을 자율적으로 결정하여 온실가스 배출 할당량을 준수하게 하는 것이다.

적용 대상은 계획 기간 4년 전부터 3년간 온실가스 배출량 연평균 총량이 12만 5000톤 이상인 업체 또는 2만 5000톤 이상인 사업장, 자발적으로 할당 대상업체로 지정 신청을 한 업체다. 관리 대상물질은 이산화탄소, 메탄, 아산화질소, 수소불화탄소, 과불화탄소, 육불화황, 이렇게 총 6가지 항목이다.

할당 방식은 과거 배출량 기반 할당Grandfathering, GF과 과거 활동자료 기반 할당Benchmark, BM으로 구분된다. 제1차 계획 기간에는 할당량의 100%가 무상이며 제2차 계획 기간에는 유상 할당 대상 업종

내 기업에 할당되는 배출권의 3%를 유상 할당, 제3차 계획 기간에는 배출권의 10%를 유상 할당한다.

참고로 제2차 계획 기간 무상 할당 대상 업종 기준은 ①무역집약도 30% 이상, ②생산 비용 발생도 30% 이상, ③무역집약도 10% 이상 및 생산 비용 발생도 5% 이상 ④제3차 계획 기간 무상 할당 대상 업종 기준 생산 비용 발생도와 무역집약도를 곱한 값이 0.002(0.2%) 이상이다.

[표12] 배출권거래제 기간별 할당 업체 및 최종 할당량 간 시장 크기

구분	제1차 계획 기간 (2015~2017년)	제2차 계획 기간 (2018~2020년)	제3차 계획 기간 (2021~2025년)
적용 대상	연평균 배출 총량이 2012만 5000톤 이상 업체 또는 2만 5000톤 이상 사업장		
적용 부문	전환, 산업, 건물, 수송, 폐기물, 공공/기타 6개 부문		
대상 온실가스	이산화탄소, 메탄, 아산화질소, 수소불화탄소, 과불화탄소, 육불화황		
국가 온실가스 배출량 포괄 범위	–	70.1%	73.5%
할당업체 수	592개	609개	684개(2020년 지정 기준)
할당량	최종 할당량 16억 8600만 톤 (43억 300만 톤 추가 할당, 24억 톤 할당 취소)	사전 할당량 16억 4300만 톤, 경매(유상 할당) 2019년 795만 톤	사전 할당량 29억 200만 톤, 경매(유상 할당) 2021년 18억 200만 톤
할당 비율	전량 무상 할당	유상 할당 3%	유상 할당 10%
무상할당 방식	전량 GF 방식	BM 방식 7개 업종	BM 방식 12개 업종

VCM에서 기후기술이 중요한 이유

기후 변화는 전 세계의 중요한 이슈로 적극적인 대처가 필요하다. 하지만 비용의 한계 및 기술 적용의 어려움 등의 이유로 온실가스 감축을 위한 적극적인 활동에 제약이 많았다. 그러나 최근 전 세계적인 기후 변화에 대한 논의, 투자금 유입 등으로 기후기술의 다양한 시도가 진행되고 있다. 또 높은 기술적 수준을 바탕으로 탄소 배출을 감소시키는 새로운 방안들이 제시되고 있다.

VCM은 다양한 기후기술을 활용한 온실가스 감축을 추구한다. 과학을 기반으로 다양한 산업과 공정에 적용할 수 있는 창의적인 감축 방법론에 대한 수용이 가능하기 때문이다. 또 인증받은 크레딧이 부여되기에 시장의 많은 이해관계자들의 참여를 이끌어낼 수 있다. 감축 방법론, 사업 계획서 등에 대한 공유와 공개로 신뢰성 있는 시장을 만들어가고 이해관계자의 참여를 독려하며 시장의 크기를 키워가는 데도 기여하고 있다. 다양한 기후기술로 온실가스를 감축하는 노력이 크레딧으로 부여되고, 이를 필요로 하는 기업 간 거래에서 발생하는 자금이 온실가스 감축 사업으로 투입되는 선순환이 만들어진다.

VCM에서 주목할 부분은 기업이나 개인이 탄소 배출을 줄이는 온실가스 감축 프로젝트에 참여하고, 인증받은 감축량을 크레딧으로 발급받아 사고팔 수 있는 시장이 커지고 있다는 것이다. 이때 기후기술은 효율적인 탄소 및 온실가스를 감축하는 기술을 제공하거나, 감축량으로 인증받은 크레딧 거래를 지원하는 등 다양한 영역에 기여한다.

VCM의 주요 이해관계자

VCM은 온실가스 감축 활동에 대한 인증을 거쳐 감축량을 산정하고, 이를 크레딧화해서 감축 실적이 필요한 기업에게 양도할 수 있다. 그렇기 때문에 다양한 이해관계자가 참여하는 생태계가 만들어지고 있다.

VCM 내 이해관계자를 역할에 따라 구분해보자.

인증기관

VCM은 국가의 법령에 따라 운영되지 않기 때문에 인증기관의 신뢰성과 권위가 매우 중요하다. 기관별로 인증체계의 기준, 절차, 검증 수준 등 '카본 스탠다드Carbon Standard'라고 하는 탄소 감축에 대한 기준과 명확한 지침을 가지고 감축 사업을 평가하고, 감축량 인증을 통해 크레딧을 발급한다. 베라VERRA, 골드 스탠다드Gold standard, KCS 등이 있다.

감축 사업 참여자Project Proponent

과학을 기반으로 한 감축 방법론을 제시하고 사업 계획서에 따라 감축 사업을 진행하는 수행자로, 프로젝트 성격의 사업을 진행한다고 하여 '프로젝트 프로퍼넌트'라고도 불린다. 감축 사업에 따른 크레딧을 부여받는 주체다.

검증기관

탄소 감축을 실행하는 주체에게 의뢰받아 방법론, 사업 계획서 등을 검증하는 기관으로, 한국표준협회, DNV, 로이드인증원 등이 있다.

크레딧 구매자

크레딧을 필요로 하는 기업 등을 말한다.

이 외에도 온실가스 감축 프로젝트가 운영되기 전에 어떠한 방법론으로 감축을 진행할 것인지 컨설팅하는 기업, 각 감축 사업이 절차에 맞게 진행되는지 모니터링하는 기술과 관련된 기업, 인증받은 감축량에 대한 신뢰성 있는 평가에 주목하는 기술과 관련된 기업도 함께 참여하고 있다.

VCM의 이해관계자는 갈수록 더 많아지고, 관심도 커지고 있다. VCM은 다양한 글로벌 의제 간 협력으로 온실가스 감축 실적에 대한 인증기준 확립 및 규제사항을 적용하면서, 건전성과 투명성 확보를 위한 모니터링 및 감시 체제를 구축하고 있다.

VCM 크레딧의 신뢰성과 안정성에 대한 물음은 지속적으로 대두

[그림17] VCM의 주요 이해관계자

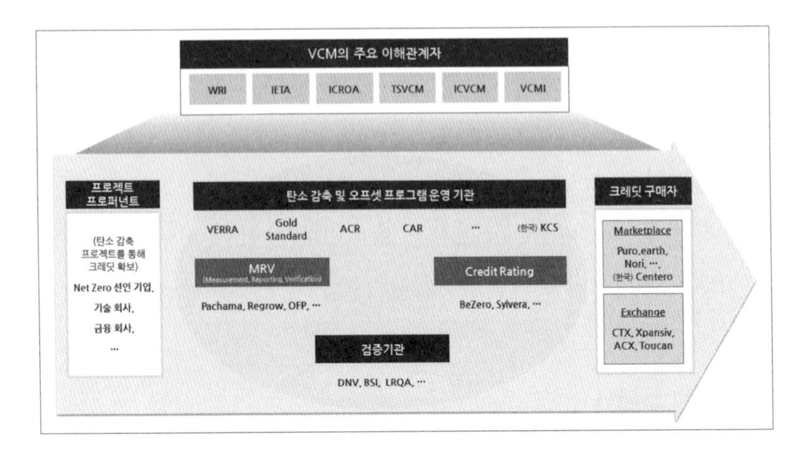

되고 있다. 이와 함께 이해관계자 및 시장 참여자들의 확신을 얻기 위한 글로벌 의제 차원의 가이드와 기준이 제정되고 있다. 겉으로는 보편적인 과학적 기준에 대한 연구가 더디게 발전하는 것처럼 보일지라도, 많은 노력이 투여되고 있다.

[그림18]은 VCM의 이해관계자들의 역할과 중첩 영역을 보여준다. 가령 ICVCM Integrity Council for the Voluntary Carbon Market과 ICROA International Carbon Reduction and Offset Alliance는 크레딧의 승인 기준과 관련하여 각 기관의 기준과 고려 요소들을 지속적으로 논의한다. 또 신뢰성 있는 크레딧 승인의 기준을 합의하여 시장에 안내한다. 협의가 필요한 부분에 대해서는 기관별로 상세한 논의를 거쳐

[그림18] VCM 생태계에서 주요 이해관계자 간의 역할 및 역할에 따른 중첩 영역

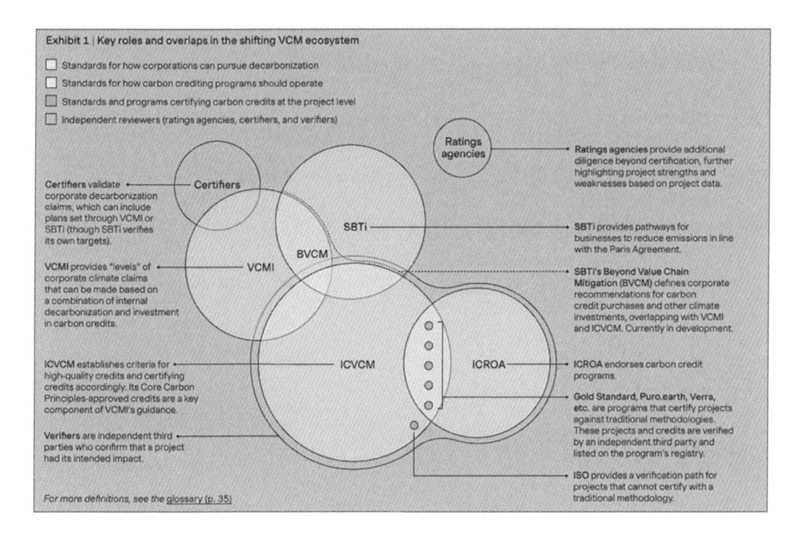

*출처: Exhibit 1 | Key roles and overlaps in the shifting VCM ecosystem, "Trust and safety", Patch, 2023.08.

VCM 내 이해관계자들을 가치 기준에 맞게 이끌어나간다.

[그림17]과 [그림18]에 등장하는 관련기관의 역할을 조금 더 구체적으로 살펴보자.[40]

WRI World Resources Institute

1982년에 설립된 비영리 연구기관으로, 기후 변화, 에너지, 자연자원 등 다양한 분야에서 연구를 수행한다. VCM에서는 자발적 탄소 오프셋 시장의 성장을 촉진하기 위한 연구 및 가이드라인을 개발한다.

국제배출권거래협회 International Emissions Trading Association, IETA

1999년에 설립된 비영리 단체로, 온실가스 배출권 거래 등 기후 변화 관련 사업을 진행하며, VCM 시장에서는 시장 참여자들의 이해관계를 대변하고, 정책 입안을 비롯한 다양한 활동을 한다. VCS 설계기관, 파리협약 6조 시장 매커니즘 정책 조성자 역할을 수행한다.

ICROA

2008년에 설립된 비영리 단체로, 인증체계의 기준, 절차, 검증 기준 등을 평가하여 크레딧의 품질 및 무결성을 보증하는 프로그램을 운영한다. ICROA 인증(프로젝트 10건 이상 등록, 10만 톤 이상 발행 등)을 통해 신뢰성 있는 인증기관의 운영 지침을 가이드하고자 한다.

TSVCM Taskforce on Scaling Voluntary Carbon Markets

TSVCM은 금융업계, 시민사회, 국제기구, 학계를 대표하는 250개 기관이 참여한 민간 주도의 이니셔티브로, 2020년 9월 국제금융협회 Institute for International Finance, IIF 의 후원으로 출범했으며, 자발적 탄소 시장 내 거래 표준을 정립하고 독립적 감시기구를 설치한다는 목표를 가지고 있다.

[그림19] ICVCM의 핵심 카본 원칙

*출처: https://icvcm.org/the-core-carbon-principles/

ICVCM

TSVCM에서 2021년 독립한 단체로, 전 세계 탄소 시장에 단일한 평가 원칙인 핵심 탄소 원칙과 평가 프레임워크를 발표했다. 공급 측면에서 탄소 감축 크레딧의 승인 기준을 확립했다.

VCMI Voluntary Carbon Market Integrity Initiative

2021년에 설립된 비영리 단체로, 자발적 탄소 오프셋 시장의 투명성과 신뢰성 확보를 위해, 시장 참여자 간 상호 보완적인 인증체계 개발을 목표로 하고 있다. ICVCM과 긴밀히 협업하며 배출권 수요자에 대한 국제 표준 규율을 제정 중이며, 탄소 크레딧 사용에서의 신뢰성 제고에 초점을 맞추고 있다.

VCM은 기관별 역할을 명확히 하면서도 중첩되는 영역에서 서로를 끊임없이 견제하고 소통한다. 이를 통해 시장의 신뢰를 얻으며 성장하고자 노력하고 있다. VCM의 발전으로 다양한 기후기술이 현실에 적용될 것이다. 진정한 넷제로 달성에 기여하기 위한 움직임은 지금 이 순간에도 진행 중이다.

[그림20] 자발적 탄소 시장 운영 체계

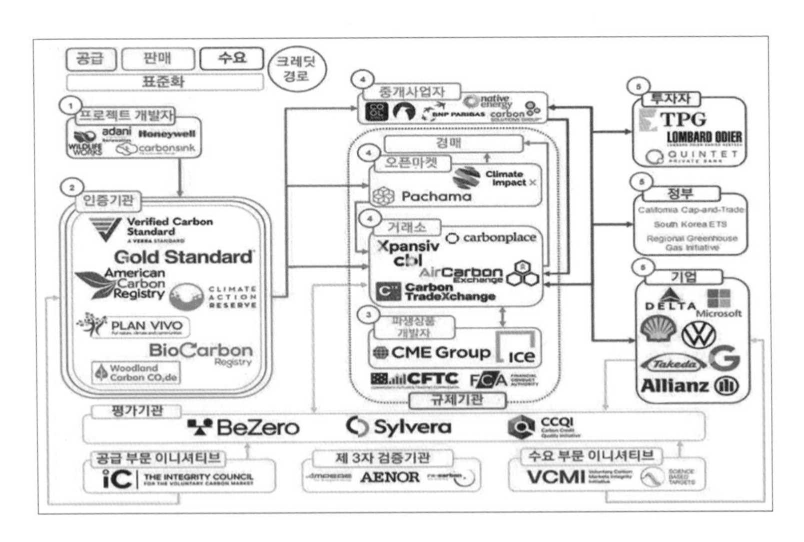

*출처: 정현우, 한언지, 〈탄소상쇄 Carbon Offset 거래 시장 확대 및 필요 인프라〉, 한전경영연구원, 2023.06.23.

자발적 탄소 감축 사업을 인증하고 감축량을 발급하는 인증기관

VCM에서 인증기관은 카본 스탠다드라는 탄소 감축에 대한 기준과 명확한 지침을 가지고 감축 사업을 평가하고, 감축량 인증을 거쳐 크레딧을 발급한다. 크레딧을 발행하는 주체이기 때문에 인증기관의 신뢰성 확보는 매우 중요하다. 또 다양한 기후기술이 적용된 감축 사업의 방법론 인증도 해당 분야의 전문가로 이루어진 인증심의위원회에서 심의하기 때문에 인증기관은 기후기술 분야에서도 매우 중요한 이해관계자다.

탄소 크레딧은 탄소 배출 감축 프로젝트를 통해 기준 전망치BAU 대비 탄소 배출량을 감축했다는 것을 증명하는 인증서다. 이산화탄소 1톤 감축에 대해 1크레딧을 부여한다. 탄소 상쇄를 통해 탄소 크레딧이 생성되기 때문에 탄소 크레딧, 오프셋 크레딧, 탄소 오프셋 크레딧 등 다양한 용어를 사용하고 있다.[41]

글로벌 VCM 인증기관 중 프로젝트 등록 건수 및 감축량에 따른 크레딧 발행량이 많은 회사로는 베라와 골드 스탠다드가 있다. 2007년 설립된 미국 기업 베라는 VCU Verified Carbon Units 라고 명명된 자발적 탄소 감축 크레딧을 발행하며, 온실가스 감축을 위한 다양한 프로그램을 운영 중이다. VCM의 크레딧 발행 1위 기업으로, 2023년 8월 기준 11억 달러 이상의 감축 크레딧을 발행했다. 등록된 감축 프로젝트는 2000개 이상이다.

2006년 설립된 스위스 기업 골드 스탠다드는 베라에 이어 두 번째로 크레딧 발행을 많이 한 인증기관으로, 2900여 개 이상의 온실가스 감축 프로젝트가 등록되어 있다. UN CDM 사업으로 오랜 경험을 쌓아왔을 뿐만 아니라 인증 과정이 무척 까다롭기 때문에 골드 스탠다드가 발행한 크레딧은 신뢰도와 선호도가 높은 것으로 알려져 있다.

여기서 CDM이란 온실가스 감축의무를 가진 선진국이 개발도상국에서의 온실가스 감축 사업을 시행하고, 그 감축분을 해당 선진국의 온실가스 감축 목표 달성에 활용할 수 있도록 한 제도다. 원래 CDM은 2020년 말 종료되고, 2021년부터는 SDM Sustainable Development Mechanism 으로 전환 예정이었다. 그러나 SDM의 가이드라인이 아직 확정되지 않아 기등록된 CDM 사업은 2025년까지 진행을 완료하도록 하고, 신규 등록은 보류하는 '잠정적 Provisional CDM 체계'가 운영되고 있다.[42]

한국의 자발적 탄소 감축 인증 운영기관

한국의 VCM은 아직 초기 단계다. 그러나 유럽의 CBAM 및 미국의 탄소세 등에 따른 기업의 수출과 관련된 온실가스 감축을 위한 대응의 차원으로 VCM에 대한 관심이 증대하고 있다. 2023년 1월, KCS

가 출범하면서, 한국 VCM의 건전한 성장과 실질적인 온실가스 감축에 많은 기대가 집중되고 있다.

KCS는 기업의 제품, 기술, 서비스 제공에 따른 온실가스 감축실적 인증을 통한 탄소중립 실현을 지원하기 위해 탄소 감축 성과 인증, 이해관계자 의견 수렴을 통한 탄소 감축 인증 표준 제정 및 독립 거버넌스와 제3자 검증으로 신뢰도 및 객관성 강화를 추진하고 있다. 향후 탄소 감축 인증 독립 거버넌스 구축으로 대외 신뢰도를 높이고, 글로벌 선진기관과의 네트워크 구축 및 이니셔티브 참여로 VCM을 활성화하는 데 박차를 가할 예정이다.

KCS는 출범과 동시에 국제 항공 탄소 상쇄·감축 제도Carbon Offsetting and Reduction Scheme for International Aviation, CORSIA를 등록하고 ICROA 인증을 준비하고 있다. 한국에서 가장 신뢰성 있는 자발적 탄소 감축 인증 센터로 자리매김하며 아시아 탄소 감축 연대를 통해 아시아 허브로 진화하겠다는 방향성도 가지고 있다. 이처럼 도전적인 행보와 발전 방향에 많은 관심과 응원을 보낸다.

VCM의 성장과 함께하는 기후기술

VCM에 참여하는 기후기술의 흐름은 VCM 랜드스케이프Landscape와 관련된 자료에서 확인할 수 있다. 이 자료에 따르면 실시간으로

VCM의 에코시스템이 점차 세분되고 참여자들이 급속히 증가한다는 것을 알 수 있다.

주목할 만한 변화의 방향은 신뢰성 있는 탄소 감축 프로젝트를 진행하는 디지털 기술과 IT 인프라를 활용한 디지털 MRV Monitoring, Reporting, Verification 및 탄소 감축 프로젝트의 방법론, 사업 계획서에 기반한 감축성과 크레딧 가치를 평가하는 영역으로 많은 관심이 모이고 있다는 것이다.

여기에서는 VCM에서 많은 관심을 받고 있는 기후기술 사례와 기업들을 소개해보고자 한다. 다양한 감축기술을 활용하여 지속적인 투자를 일으키고 넷제로를 선언한 기업의 크레딧 구매로 이어지는 사례도 속속 등장하고 있다.

그중 바이오차를 활용하여 탄소격리를 통해 인증받은 크레딧을 거래하는 노리 Nori 의 사례가 특히 주목할 만하다. 바이오차는 에너지원으로 이용되는 식물, 동물, 미생물 등의 생물유기체를 통칭하는 '바이오매스 biomass'와 숯을 뜻하는 '차콜 charcoal'의 합성어로, 바이오매스에서 생성된 고탄소의 고형물질을 가리킨다.

일반적으로 숯은 공기를 차단한 상태에서 목재를 구워서 만든다. 숯을 만들 때처럼 곡물의 줄기, 동물의 배설물, 음식물 찌꺼기, 폐기된 목재 등 버려지는 유기물을 산소가 없는 상태에서 350℃ 이상의 고온으로 가열하면 유기물질이 열분해 과정을 거쳐 숯과 같이 탄소 함량이 높은 고형물질, 즉 바이오차로 생성된다. 바이오차는 형태상으로는 숯과 비슷하지만 물리적인 성질은 매우 다르다.

바이오차의 기능은 다양하다. 우선 바이오차를 토양에 주입하면 질소와 인 같은 영양분이 손실되거나 토양이 산성화되는 것을 방지한다. 또 미생물의 성장을 돕는 효과가 있어 작물 생장을 촉진해 농업 생산성을 향상시킨다. 이뿐만 아니라 바이오차는 다공성 물질로 이루어져 있기 때문에 포집 능력이 뛰어나다. 따라서 바이오차를 토양에 투입하면 탄소를 포집하여 대기 중 탄소를 격리하므로 기후 변화에 대응할 수 있다.[43] 바이오차는 산림 같은 기존의 감축 사업의 크레딧보다 가격이 매우 높아 넷제로를 선언한 기업들의 구매가 이어지고 있다.

크레딧의 신뢰성 평가 서비스를 제공하는 실베라Sylvera, 비제로Bezero의 사례도 주목할 만하다. VCM의 크레딧은 감축 사업의 방법론, 지역, 모니터링 방식 등에 따라 가격이 정해진다. 이러한 평가 서비스는 객관적으로 크레딧에 등급을 매기고, 크레딧 구매자에게 좋은 품질의 크레딧을 구매하도록 유도한다. 이렇게 온실가스 감축에 효율적인 방안과 방법론을 구축하고 신뢰할 만한 감축 사업을 진행하면 기본적인 윤리가 정착되는 선순환을 이루어낼 것이다.

감축 사업에서 산림 분야는 그 수가 가장 많은 분야다. 그중 파차마Pachama는 ICT 기술을 활용해 검증을 하고 있다.

신뢰성 있는 고품질의 크레딧을 확보해야 그린 워싱이라는 오명을 남기지 않고 온실가스 배출 저감 활동을 지속할 수 있다. 또 이에 따른 선순환 구조가 만들어진다.

탄소 감축기술의 발전과 더불어 온실가스 감축 프로젝트의 가치사슬상에 있는 주요관계자들의 업무 혁신을 돕고 신뢰성을 부여하는 기후기술 분야가 생겨나고 있다. 이렇게 기후기술을 더 가치 있게 만들고 시너지를 내려는 시도는 새로운 성장의 기회를 만들고 있다.

[그림21] 2023년 VCM 내의 사업 영역별 랜드스케이프 맵

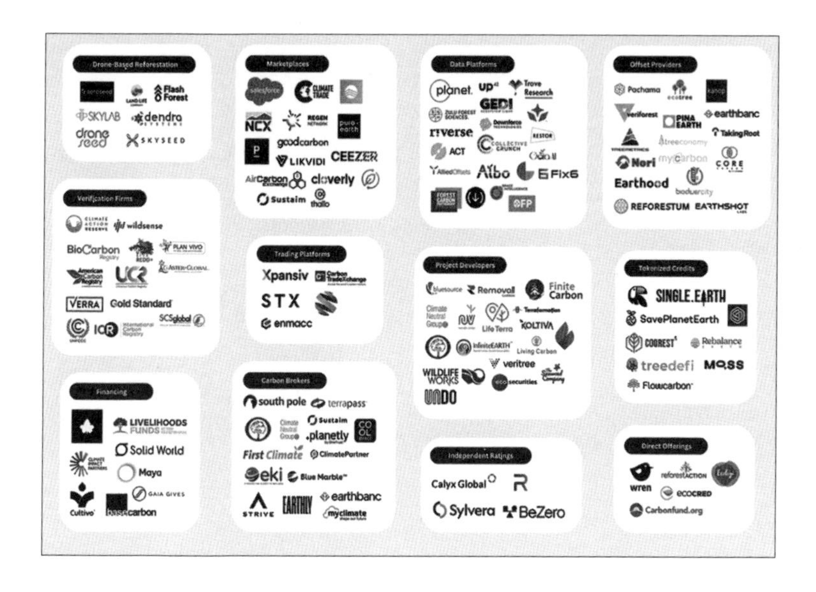

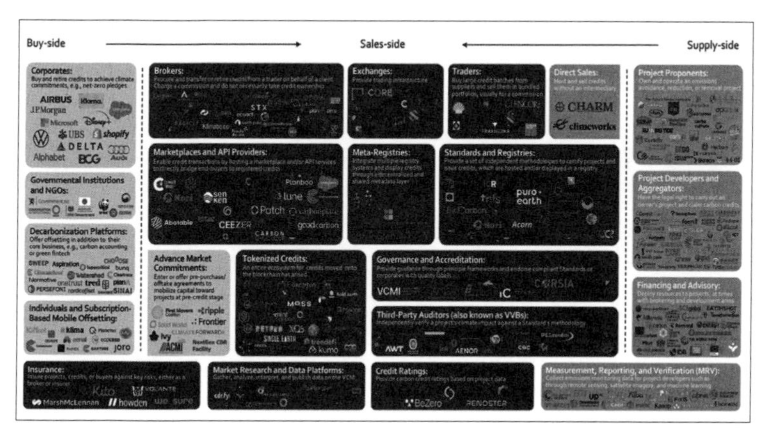

*출처: https://www.sustaim.earth/carbon-market-map

제7장

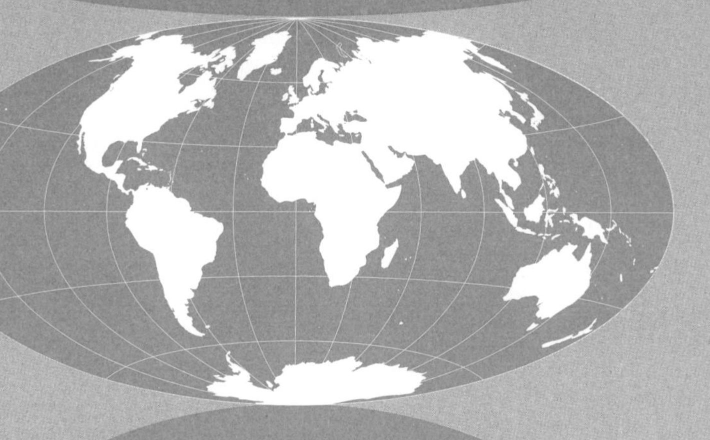

기후기술로 새로운 기회를 찾다: 전 세계 기후기술 정책과 금융업계의 변화

기후 위기가 심각해지면서
기후기술에 주목하는
국가와 산업이 늘고 있다.
미국, 유럽을 비롯하여
아시아 국가들도 기후기술을 정책에
반영하려는 시도를 계속하고 있다.
이에 따라 돈의 흐름에 민감한
금융권에서는
탄소 금융 허브를 자처하며
기후 공시 체제로의 변화를 모색하고 있다.

기후기술을 선점하려는 국가 간의 경쟁은 날이 갈수록 점차 치열해지고 있다. 차세대 국가 경쟁력은 기후 위기가 촉발한 국제 정세와 경제 변화에서 유연하고 순조로운 전환을 가능하게 하는 기술을 가지는 것이 핵심이다.

이번 장에서는 각국의 기후기술 확보 핵심 전략을 살펴보며 어디서 어떻게 기회가 탄생할 것이고 그 새로운 기회를 선점하기 위해 각국이 어떤 노력을 기울이는지 알아보자. 또한 수익이 기대되는 곳으로 빠르게 이동하는 금융권의 변화도 함께 살펴보려고 한다.

기후기술로 새로운 일자리를 창출하고 기후 리더십을 회복하려는 미국

조 바이든Joe Biden 미국 대통령은 취임 첫날인 2021년 1월 20일 파리협정 복귀를 선언했다. 또 2050년까지 온실가스 순배출량 제로에 도달하겠다는 목표를 제시했다. 이와 더불어 빠르게 정책을 발표하며 글로벌 기후 리더십을 되찾겠다는 의지를 보여주었다. 기후 문제에 진정성 있는 행보를 보이겠다는, 전 정부와 차별화된 메시지에 전 세계의 이목이 쏠렸다.

세계에서 가장 큰 기후기술 시장을 가진 미국은 돈의 흐름을 제시했다. 그 예로 2021년 3월 경기부양책으로 인프라 투자 계획The American Jobs Plan을 발표했다.

같은 해 2월 발표한 일자리 창출 및 기후 위기 대응을 위한 미국 혁신 계획American Innovation Effort to Create Jobs and Tackle the Climate Crisis에서는 주요 10대 기후 혁신기술을 선정했다. 선정된 기술은 ① 탄소 중립 건물, ② 비용을 10분의 1로 절감한 에너지 저장 시스템, ③ 최첨단 에너지 시스템 관리기술, ④ 저비용 · 저탄소 차량 및 교통 시스템, ⑤ 저탄소 항공기 및 선박 연료, ⑥ 온실가스 효과가 없는 냉매, 공조, 히트펌프, ⑦ 철강, 콘크리트, 화학 공정의 저탄소화, ⑧ 탄소 무배출 수소, ⑨ 탄소 토양 저장기술, ⑩ DAC다.

기후기술은 기술적 성숙도 및 완성도 측면에서 끊임없는 연구와 결

[표13] IRA 주요 인센티브

인센티브	주요 내용
청정 제조 시설 투자 세액 공제 (63억 달러)	전기차 · 배터리 및 관련 소재 · 부품 제조 시설을 미국 내 설치 · 확장할 경우 투자액의 6~30% 세액 공제
첨단 제조 생산 세액 공제 (160억 달러)	미국 내에서 생산 및 판매되는 배터리, 태양광, 풍력 등 첨단 부품과 핵심 광물에 생산 비용의 약 10% 세액 공제
일반 친환경차 세액 공제 (75억 달러)	미국 내 최종 조립, 우려 외국 법인 배터리가 미장착된 친환경차에 배터리 부품 요건 충족 시 3750달러, 광물 요건 충족 시 3750달러 지급
상업용 친환경차 세액 공제 (36억 달러)	상업용 친환경차를 구매하는 소비자에게 최대 7500달러 또는 차량 가격의 30%에 해당하는 세액 공제
친환경 대형 차량 보조금 (10억 달러)	기존 차량을 친환경 대형 차량으로 교체 시 추가되는 비용, 친환경 대형 차량 부품의 수리 비용에 보조금 지급
청정전력 투자(509억 달러), 생산 세액 공제(112억 달러)	태양광 · 풍력 등 청정전력 생산 시설 투자 또는 해당 시설에서 전력 생산 시 세액 공제
첨단기술 차량 제조 시설 대출 (30억 달러)	전기 · 수소차 등 첨단기술 차량 · 부품 제조 시설을 미국 내 설치 · 확장 시 에너지부 심사를 거쳐 저리 대출
에너지부 대출 보증 (43억 달러)	첨단기술을 사용해 온실가스 배출을 방지하는 투자 시 에너지부 심사를 거쳐 대출 보증

* 출처: 김혜련, 〈기후기술의 부상과 새로운 기회〉, Deloitte Insights, 2022.

과 확인, 입증이 필요하기에 꾸준한 국가적 지원이 필요하다. 미국은 이들 분야의 전문가를 육성하고, 새로운 일자리 창출로 국민의 삶을 계속 발전시키겠다는 포부를 보여주었다.

기초과학으로 기후기술을 리딩하는 일본

일본 정부에서 2020년 12월에 발표한 2050년 탄소중립을 위한 녹색 성장 전략에 따르면 14개 주요 산업의 연구 개발을 위해 향후 10년간 NEDO에 2조 엔의 녹색 혁신 기금을 조성할 예정이다. 에너지, 운송 · 제조, 가정 · 사무실에서 14개 주요 산업 분야를 선정해 각각 2050년 목표를 수립하고 연도별 · 도입 단계별 정책 수단을 제시했다. 차세대 태양 전지에 498억 엔, 해상풍력에 1195억 엔, 수소에 3000억 엔을 투여할 방침이다.

재생에너지와 수소의 활용, 탄소 자원화 기술을 통한 이산화탄소 연료화 등 화석자원에서 탈피하여 경제성을 갖춘 가치사슬 구축에 노력을 기울이고 있다. 일본은 기초과학 전반에서 기술적 기반이 탄탄하고, 연구과제 운영과 실용화에 적극적인 만큼 기후 위기의 시대에서 크게 자리매김할 듯하다. 일본 정부가 NEDO에 거는 기대 또한 매우 크다고 알려져 있다.

[표14] 일본의 지원 제도 및 내용

	지원 제도	주요 내용
혁신적 환경 이노베이션 전략 (2020년 1월)	에너지 전환 (약 300억 톤 감축)	· 주력 전원으로 재생에너지 채택 · 디지털 기술을 활용한 강력한 전력망 구축 · 저비용 수소 공급망 구축 · 혁신적 원자력 기술 및 핵융합 실현 · CCUS 및 탄소 자원화를 고려한 저비용 탄소 회수
	수송 (약 110억 톤 감축)	· 다양한 접근법의 그린 모빌리티 확립
	산업 (약 140억 톤 감축)	· 화석자원 의존에서 탈피, 재생에너지와 수소 활용 · 탄소 자원화 기술에 따른 이산화탄소 연료화
	업무 · 가정 · 기타 횡단 영역 (약 150억 톤 감축)	· 최첨단 온실가스 저감기술 활용 · 빅데이터, AI, 분산 관리기술 등을 이용해 도시 관리 변화 · 공유경제에 따른 에너지 절약, 재택근무로 일하는 방식 개혁, 행동 변화 촉진 · 온실가스 저감 효과 검증에 기여하는 과학 지식의 내실화
	농림수산업 · 산림흡수원 (약 150억 톤 감축)	· 최첨단 바이오기술을 활용한 자원 이용 및 농지, 산림, 해양의 탄소 흡수 고정 · 농축산업에서 메탄, 이산화질소 배출 감축 · 농림수산업에 재생에너지 이용 및 스마트 농림수산업 · 대기 중 탄소 회수
2050년 탄소 중립에 따른 녹색 성장 전략 (2021년 6월)	에너지	① 해상풍력, 태양광, 지열(차세대 재생 가능 에너지) ② 수소, 연료 암모니아 ③ 차세대 열에너지 ④ 원자력
	운송 · 제조	⑤ 자동차, 축전지 ⑥ 반도체, 정보통신 ⑦ 선박 ⑧ 항공기 ⑨ 탄소 리사이클
	가정 · 사무실	⑩ 주택, 건축물 산업, 차세대 전력 관리 ⑪ 자원 순환 ⑫ 라이프 사이클

* 출처: 김혜련, 〈기후기술의 부상과 새로운 기회〉, Deloitte Insights, 2022.

재생에너지 전환 성공으로 기후기술 수출을 꿈꾸는 독일

독일은 재생에너지기술 및 활용의 강국답게 교통, 에너지, 산업 전반에서 에너지 전환에 대한 다양한 시도를 하고 있다. 2030년까지 총 전력 소비의 65%를 재생에너지로 대체, 재생에너지 열병합 발전소 확대 등 재생에너지의 백과사전이다.

세계 정세의 불안정성이 커지고 천연가스의 무기화로 에너지 전환의 필요성이 거세진 요즘 독일 정부는 한발 앞선 정책을 펼치고 있다. 이들의 대응 방향에 관심을 가지고 우리가 얻어야 할 부분이 무엇인지 고민해야 할 시점이다.

기후기술로 핵심 경쟁력을 확보하려는 프랑스

프랑스는 미래 투자 전략으로 발표한 프랑스2030의 10개 목표 중 6개를 탄소중립과 연계했다. SMR과 폐기물 관리 개선, 재생에너지를 활용한 그린수소 연료전지 분야, 풍력, 태양광 등에 대규모 투자 계획을 발표했다.

프랑스는 철강, 시멘트, 화학 공정상 배출되는 이산화탄소를 감축하기 위해 디지털 및 로봇기술을 산업 탈탄소화에 활용하겠다고 이야기했다. 나아가 항공 분야에서 높은 기술력을 보유한 만큼 2030년까지 200만 대의 전기 및 하이브리드차량 개발은 물론 최초로 저탄소 항공기를 생산하겠다고 밝혔다.

넓은 평야가 있어 식량자급률이 세계 상위권인 프랑스는 다양한 농업 분야에서 생산량과 기술을 이끌고 있다. 이에 디지털, 로봇, 유전 기술로 식품에서 배출하는 이산화탄소를 저감하는 연구에 집중한다

[표15] 유럽의 지원 제도 및 내용

국가	지원 제도		주요 내용
독일	기후 보호 프로그램 2030 (2019년 9월)	교통	· 전기차 확대, 철도 네트워크의 전기화 및 디지털화, 연료전지 기반 수소 대중교통, 대형 화물차량 등 첨단 바이오연료 생산
		에너지	· 2030년까지 총 전력 소비의 65%를 재생에너지로 대체(육상풍력, 해상풍력, 태양광) · (열병합 발전) 석탄화력 CHP 발전소를 대체하는 재생에너지 열병합 발전소 확대 · (에너지 효율화) 혁신적 기술 개발로 성공적인 에너지 전환에 기여
		산업	· 수소환원제철을 비롯한 산업 생산으로 이산화탄소 감축 · CCUS 기술을 활용하여 이산화탄소 대기 방출 방지 · 베터리셀기술에 최대 30억 유로 투자 · 산업 에너지 효율화, 산업의 재료 및 자원 사용을 효율화하는 기술 개발
		연구 개발	· 중점기술로 수소, 배터리셀, 합성연료를 선정

영국	녹색 산업 혁신에 대한 10대 중점 계획 (2020년 11월)	· 차세대 해상풍력, 원자력 첨단 모듈식 원자로, 에너지 저장 및 유연성, 바이오에너지, 수소, 주택, 직접 공기 포집 및 온실가스 제거 기술GGR, CCUS, 산업용 연료 전환, 파괴적 기술
프랑스	프랑스 회복 계획 (2020년 9월)	· 건물 에너지 혁신, 산업 탈탄소화, 녹색 교통(저탄소 철도기술 개발), 녹색 수소
	프랑스2030 (2021년 10월)	· SMR 개발 · 그린수소 연료전지 생산이 가능한 발전소 건설 · 저탄소 항공기 생산 · 이산화탄소 감축을 위한 디지털 및 로봇 산업 · 재생에너지 투자(태양광, 풍력 등)

* 출처: 김혜련, 〈기후기술의 부상과 새로운 기회〉, Deloitte Insights, 2022.

고 발표하여 기대를 모았다.

미국의 대농장 경영 방식과 달리 세심한 관심과 애정이 있어야 하는 작물 분야에서 강점을 가진 만큼 기후기술을 활용한 프랑스의 혁신적인 진보를 기대한다. 특히 기후 변화로 프랑스의 대표적인 와인 재배지에서 포도 수확량이 감소하고 품질이 변화해 심각한 경제 문제가 야기되고 있다. 농업 분야의 기후기술이 곧 프랑스 국가 경쟁력의 기반이 될 것이다.

금융허브와 더불어 탄소 금융도
전 세계 허브로 성장하는 싱가포르

싱가포르는 앞서 소개한 국가들과 달리 기후기술 그 자체를 지원하고 실제 산업에 적용하기보다 지역적 특수성과 금융허브라는 장점을 활용하여 기후기술 시장을 만들어가고 있다. 싱가포르는 현재 아시아 VCM의 허브를 준비하고 있다.

싱가포르는 아시아 최초로 도입되는 탄소세와 연계하여 VCM 크레딧을 자국 내 상쇄용으로 사용하는 전략을 세웠다. 정부 주도의 탄소 크레딧 거래소Climate Impact X, CIX를 발족하여 향후 아시아에서 인증기관, 프로젝트 프로퍼넌트 등의 성장으로 VCM 크레딧의 거래가 활발해질 것을 대비하여 우위를 선점하고자 한다. 특히 전 세계 탄소 배출 1위 국가이면서 EU 다음으로 배출권 거래량이 많은 중국 VCM 시장과 연계할 것으로 예측된다.

싱가포르는 국가 간 거래로 발생한 감축 크레딧과 글로벌 인증기관에서 발급한 감축 크레딧의 거래를 활성화하는 믿을 만한 조정자의 역할을 자처하며 시장에 선진입했다.

탄소 크레딧 거래소뿐만 아니라 양질의 온실가스 감축 인증을 받은 크레딧을 확보하기 위해 직접 감축 프로젝트를 발굴하고, 이를 통해 거래량을 안정화하는 차별화 전략을 추진해나가고 있다. VCM이 성장한 가까운 미래에 거래의 신뢰성을 확보하고 다양한 파생상품을 만들어 크고 막강한 영향력을 행사하겠다는 국가적 계획을 실행에 옮기고 있다.

금융권은 기후 공시 체제로 빠르게 변화 중

온실가스를 직접적으로 감축할 목표가 있는 에너지, 산업 공정, 농업, 폐기물 등의 산업 분야와 달리 금융권은 탈탄소에 발 빠르고, 혁신적인 전략을 취할 수 있는 분야다. 지속 가능 금융 공시 제도Sustainable Finance Disclosure Regulation, SFDR•, 탄소회계 금융 협의체•• 등 수많은 협의체를 통한 공시 기준을 만들고, 이를 따라올 수 없다면 도태되게 하는 기후 공시 체제로의 변화는 매우 빠르고 엄격하게 진행되고 있다.

국내외 공적금융기관은 2021년 이후 저탄소 포트폴리오 전환 가속화 및 탈탄소, 탄소 중립을 선언하고 투자 흐름을 본격적으로 변화시키고 있다. 기후기술을 기반으로 한 탈탄소기술 기업에 직접 투자하고, 녹색 채권Green Bond, 사회적 가치 채권Social Bond, 지속 가능 채권

• 금융기관의 투자 결정 과정에서 지속 가능성 리스크, 지속 가능성의 부정적 영향, 금융 상품에 대한 지속 가능성 정보 제공 등에 관한 원칙이 담겨 있는 제도로 지속 가능성 리스크 정보를 웹사이트에 의무로 공개한다.

•• 2015년 네덜란드에서 시작된 글로벌 금융기관들의 협의체로, 기업 대출 및 투자에 따른 온실가스의 배출량을 평가하고 공개하기 위한 회계 방법론을 개발했다. 전 세계 약 100개의 금융기관과 기업들이 참여하고 있으며, 국내에서는 신한금융지주가 가입했다. 한국사회책임투자포럼KOSIF도 파트너사로 참여했다. (https://svhub.co.kr/esghandbook/sub03.html)

Sustainable Bond 등 ESG 채권처럼 새로운 관점의 돈의 흐름을 만들고 있다.

2020년 유럽투자은행European Investment Bank, EIB은 저탄소 전환 메커니즘Just Transition Mechanism을 발표했다. 화석연료 기반 시설에 투자를 철회한다는 목표와 세부 실행 수단을 제시하며 금융권의 탈탄소 선언을 뒷받침할 지침과 방향성을 제시했다.

2021년 11월 아시아개발은행Asian Development Bank, ADB 역시 에너지 전환 메커니즘Energy Transition Mechanism 도입을 선언하며, 석탄 인프라 시설 투자를 50% 철회한다는 계획을 공표했다.

한국에서는 한국수출입은행이 대표적인 변화 사례로 꼽힌다. 기후 리스크 관리 체계를 구축하여 금융 탄소를 관리하고, 금융상품 배출량 목표 및 감축 계획과 탄소 중립 전략 및 여신 포트폴리오 조정 방안을 수립하고, 금융감독원 기후 지침에 따른 리스크 관리 체계를 마련했다.

한국수출입은행은 글로벌 넷제로 촉진 프로그램The Export-Import Bank of Korea, KEXIM이라는 탄소 금융 활동으로 신재생에너지 발전 및 계통 사업 기업의 수수료를 우대해주고 탄소 규제 대상 기업에는 감축 비율에 따라 금리를 우대하는 등 에너지 전환과 저탄소 산업 촉진에 앞장서고 있다. 2021년 7월에 발표된 한국수출입은행의 ESG 경영 로드맵에 따르면, 2030년까지의 정량 목표로 ESG 여신 180조 원 공급, ESG 채권 200억 달러 발행, 기관 탄소 배출량 50% 감축 등을 추진

할 계획이라고 한다.

한국수출입은행은 기업의 기후 리스크를 고려해서 투자하고 탄소 중립 전략에 따라 사업을 확장하며 저탄소 산업 전반의 투자 여건을 강화하는 등 금융권의 기후 위기 관련 행동 사례를 자진했고, 다른 금융회사도 이를 참고하게 되었다.

이제 금융권에서도 탈석탄화, 넷제로를 향한 진정성 있는 행동을 국제적 합의 및 기준에 따라 공시하고, 기업 활동에 도움이 되는 지속가능한 금융 정책을 펼치는 것이 중요한 생존 포인트가 되었다.

금융권의 기후기술 투자 사례

국내 금융권에서 적극적인 기후기술 투자 사례도 등장하고 있다.

NH투자증권은 금융권에서 최초로 회사의 미래 전략 기반 신사업으로 바이오차 생산기술을 토대로 국내 VCM에 참여했다. 범농협 비즈니스 가치사슬과 연관성이 높은 농축산 부문에 탄소 감축 사업을 진행하고, 이 과정에서 발행한 탄소 배출권을 국내외 탄소 시장에 유통하는 비즈니스를 원활화하고 확대하여 탄소 감축 사업의 수행자로서 선도 사례를 만들었다.

또 커피박(커피찌꺼기)을 원료로 바이오플라스틱을 제조하는 친환경 벤처 기업 포이엔4EN과 협약을 맺었다. 이를 시작으로, 향후 바이오차를 비롯한 농축산업 관련 탄소 감축 활동이 금융시장에 원활히 연계될 수 있도록 배출권 시장에 적극 참여할 예정이다.[44]

이지스자산운용은 건물에서 발생하는 탄소 배출량을 줄이는 사업이 새로운 시장을 창출한다고 전망하고 관련 분야에 전략적으로 투자하고 있다. 그중에서도 향후 제로 에너지 빌딩Zero Energy Building, ZEB과 그린 리모델링 제도가 국내 부동산 시장에 큰 영향을 미칠 것으로 예상한다. 대표적인 투자 사례로 이지스자산운용이 운용하는, 오토웨이타워를 기초자산으로 하는 펀드는 국내 자산운용업계 최초로 GRESBGlobal Real Estate Sustainability Benchmark• 평가를 2017년부터 매년 받고 있다. 이 펀드는 2018년부터 2022년까지 5년 연속 최고 등급인 5스타를 기록하기도 했다.[45]

한편 그린 리모델링은 에너지 성능 개선을 위한 건축물 리모델링 시 각종 인센티브를 제공하는 사업이다.

건설 부문은 전 세계 배출량의 약 37%를 차지할 정도로 탄소를 많이 배출한다. 따라서 ZEB와 그린 리모델링을 위한 기반 기술에 많은 관심이 집중될 것이다.

• 부동산과 인프라 등 실물자산의 지속 가능성을 매년 평가하고 발표하는 국제 기관으로, 친환경을 중심으로 한 포괄적이고 구체적인 평가 항목 및 탄소 중립 준비를 위한 가이드라인을 제시한다.

ESG 정보 공시에 따른 전문 사업 영역의 등장

기후 공시 관련 고객사의 어려움을 직접적으로 해결하기 위한 컨설팅사의 발걸음이 매우 분주하다. 글로벌 이니셔티브마다 요구하는 기준이 비슷한 듯 조금씩 다르고, 매번 업데이트되는 기준과 항목들을 기업 스스로 인지하고 따라가기가 쉽지 않기에 전문가의 도움이 절실한 상황이다.

기업들은 이미 ESG 정보를 GRIGlobal Reporting Initiative, 지속가능회계기준위원회Sustainability Accounting Standards Board, SASB, 기후관련재무정보공개협의체Task Force on Climate-Related Financial Disclosures, TCFD 등 널리 알려진 단체의 글로벌 ESG 공시 지침을 활용하여 지속 가능 경영 보고서를 공개해왔다. 하지만 기후 문제에 관심을 가지는 투자자들이 늘어나면서 보고서에 공시되는 내용들을 재무제표와 연계해 판단해야 한다고 느끼는 투자자들도 함께 늘어났다. 기업들도 마찬가지로 일관성 있는 ESG 공시 기준이 필요하다는 점을 인지하게 되었다.

이렇게 공시 기준에 대한 전 세계 기업들의 수요와 요청을 기반으로 2023년 6월 국제회계기준재단International Financial Reporting Standards, IFRS 산하 국제지속가능성기준위원회International Sustainability Standards Board, ISSB가 지속 가능성 관련 재무 정보 공시 기준인 IFRS S1과 IFRS S2를 발표했다. IFRS S1은 지속 가능성 관련 재무 정보 공시의 일반적인 요건을 제시하고 IFRS S2는 기후 변화 관련 재무 정보 공시에 초점을 맞춘다.

재무 정보 공시와 더불어 기후 공시의 기틀도 확립되고 있다. 이에 따라 여러 영역에서 컨설팅사의 전문성이 필요해지면서 컨설팅 영역에서 새로운 시장이 열리고 있다.

최근에는 인적 전문성을 제공하는 서비스에서 나아가 이를 IT기술과 결합하여 기업들이 직접 지속적 관리와 손쉬운 서비스 이용이 가능하도록 시스템을 제공하는 식으로 사업 범위를 확장하고 있다. 특히 회계법인과 협업하는 컨설팅사의 경우 재무 정보 공시와 기후 공시를 한 번에 연결하여 처리할 수 있다는 것을 장점으로 내세워 ESG 플랫폼의 리더 역할을 자처하고 있다.

기후기술의 허브로 거듭나다

PWC가 발간하는 〈기후기술 현황 자료The State of Climate Tech 2020, 2021〉에서 더 나아가 지식 데이터베이스를 축적하여 고객의 요청에 따라 리서치를 지원하는 사례도 등장했다.

2023년 1월에 처음 선보인 딜로이트Deloitte의 '그린 스페이스 테크Green Space Tech'가 그 사례다. 그린 스페이스 테크는 녹색기술 관련 정보를 제공하는 그린 스페이스 네비게이터, 기후기술 분야별 전문가

[표16] 국내 주요 ESG 플랫폼

회사명	플랫폼명	특징
삼일 PwC (회계법인)	ESG 데이터 플랫폼	· ESG 보고서, ESG 지표 관리, 공급망 평가 및 관리, TCFD 보고, 스코프3 탄소 배출 관리, TIMM을 통한 ESG 경영 성과의 화폐화 기능 제공 · ESG 공시 플랫폼과 별도로 주요 뉴스 등 지속 가능성 부문의 동향을 확인할 수 있는 ESG 정보 제공 플랫폼을 운영
삼정KPMG (회계법인)	ESG 링크 LINC	· ESG 공시, ESG 리스크 관리, ESG 트랜스포메이션 서비스 제공 · ESG 경영 KPI 모니터링, 컨설팅 서비스 제공 · 기업 핵심 이슈 중심으로 기술 성숙도, 산업 적합도, 적용 가능성을 고려해 ESG 개선 목표와 상세 과제 도출 후 KPI를 관리
BDO성현 (회계법인)	ESG북 제휴	· 글로벌 공시 플랫폼 ESG북과 제휴하여 시스템을 도입. ESG북은 기업의 공시 정보가 해외 공시 기준인 GRI와 SASB, TCFD 기준에 대한 부합도가 각각 몇 퍼센트인지 보여줌 · 개별 기업의 사용은 무료지만 공급망 협력기업들의 정보를 수집하여 평균값을 관리하는 등 부가 기능 사용은 유료
마크스폰 (컨설팅)	EDK2.0	· 맞춤형 인벤토리 설계, 지속 가능 경영 보고서 작성, 공급망 데이터 통합 관리, 원클릭 자동 공시 등 편리한 인터페이스 제공 · 자동 공시 기능은 클릭 한 번으로 플랫폼 내 데이터와 콘텐츠를 PDF 형태의 지속 가능 경영 보고서로 전환하고 외부에 마이크로사이트 형태로 공시할 수 있도록 지원하는 기능
서스틴베스트 (ESG 평가사)	ESG 컴퍼스	· 진단, 벤치마크, 인사이트라는 3가지 서비스를 제공 · ESG 평가사로서 평가기관 대응 및 ESG 등급, 컨트로버시 이슈 관리, 기관 투자자 및 주주 관여 활동 대응이 목적 · ESG 진단과 컨트로버시 평가 결과는 ESG 평가 점수에 반영
한국ESG연구소 (ESG 평가사)	KRESG ESG 플랫폼	· ESG 평가 모델과 연계, ESG 컨트로버시 이슈를 점수화한 C-스코어를 운영하고 ESG 평가에 반영 · 글로벌산업분류기준GICS을 기반으로 34개 산업 분류로 세분화, 10개의 산업별 특화 지표 있음

SAP (SI기업)	SAP 지속 가능성 컨트롤타워	· 글로벌 SI 기업으로 SaaS를 통한 지속 가능성 데이터 수집 및 검증에 특화 · GRI, TCFD, EU 택소노미 등 지속 가능성 지표를 활용한 보고와 성과 인사이트 분석을 위한 대시보드를 제공 · 30일 무료 평가판 사용 가능
IBM (SI기업)	ESG Envizi	· 글로벌 SI 기업으로 GRI, SASB, GRESB, UN SDGs, TCFD 등의 글로벌 프레임워크 사용에 특화 · 점수 및 평가에 에너지 스타, 국립 호주 건축 환경 등급 시스템 NABERS 지표 통합 · ESG 재무 보고, 건물 등급, 공급망 관리(가치사슬 설문조사와 평가)에 대한 공시가 가능
SK C&C (SI기업)	클릭 ESG	· 충남 북부, 대전, 화성 등 지역 상공회의소 회원 기업 10곳을 대상으로 클릭 ESG 경영 컨설팅 지원 사업 진행 · 산업별 ESG 핵심 지표에 따른 진단 결과, 동종 업계와의 수준 비교, 세부 개선 영역 도출 등 종합 진단 시뮬레이션 결과 제공 · 디지털 탄소 여권 플랫폼을 구축하여 온실가스 배출량 산정 결과 제공
LG CNS (SI기업)	LG ESG 인텔리전스	· LG 계열사 10곳에 오픈 · 기후 위기 대응(에너지 및 탄소 배출 관리, 신재생에너지, 폐기물 · 재활용), DX 기반 안전 · 보건, ESG IT 컨설팅 및 데이터 통합 관리 등 종합 솔루션 제공
포스코 인터내셔널 (SI기업)	i-ESG	· 포벤처스 프로그램 3기 선발 기업으로 포스코인터내셔널 사내 벤처로 설립. 최장 1년간 인큐베이팅 과정을 거쳐 분사할 예정 · AI 기반 리포트 자동화 소프트웨어를 바탕으로 ESG 공급망 관리 소프트웨어, 국내외 인증 및 평가 기관 대응을 위한 웹 서비스 제공
신한금융그룹 (금융기업)	ESG 데이터 플랫폼	· 신한금융그룹의 금융배출량 측정 시스템과 연결 · IFRS S1과 S2 데이터 항목을 포함. 신한금융지주의 15개 자회사 및 손자회사의 ESG 데이터를 반영하여 연결재무제표 기준으로 한 ESG 데이터 공시 도입을 대비한 시스템

*출처 : 송준호, 'ESG 공시 플랫폼 봇물 터졌다 – 원스톱 솔루션으로 공시 관행 개선할까', Imapct On , 2023.10.18. (https://www.impacton.net/news/articleView.html?idxno=10108)

네트워크, 그린 테크 기업 네트워크 등의 서비스를 제공한다.

넷제로 달성을 위해 필요한 기술의 상당수가 현재 기술 성숙도Technology Readiness Level, TRL 3~4단계에 해당하는 프로토 타입 단계에 있다. 그린 스페이스 테크는 녹색기술의 이러한 한계 때문에 경영진들이 기술 투자를 결정하기 쉽지 않음을 지적하며, 자신들은 이를 해결하기 위해 해당 기술의 개발 현황과 전문가, 기업에 대한 정보를 제공하는 플랫폼임을 강조한다.

이렇게 다양한 기업들이 기후기술에 대한 정보를 데이터베이스화하고 TRL을 꾸준히 추적하여 이를 기반으로 상용화할 수 있고 경제성도 보장된 기후기술 적용 사례가 탄생하기를 기대한다.

뚝심 있게 가고자 하는 길에 베팅하는 스타트업

전 세계적으로 기후기술에 많은 관심이 집중되면서 기후기술 회사에 대한 지원이 폭넓어지고 있다. 한국형 탄소중립 100대 핵심기술같이 국가적으로 집중하는 기후기술 지원 사업뿐만 아니라 임팩트 투자, 펀딩 등 다양한 시도를 할 환경이 갖춰지고 있다.

기후기술은 기술이 활용되기까지 시간과 비용이 많이 소요되는 리스크를 가진 딥테크Deep Tech의 영역이다. 그래서 TRL이 낮고 경제성을 확보하지 못해 기술적 진보를 하지 못한 상태 그대로 머물러 있는 경우도 많다.

그러나 기후 위기에 꼭 필요하고 지속적인 시도로 발전시킬 여지가 있는 기술이라면 기후기술에 특화된 지원 정책과 기금을 활용해 뚝심 있게 연구 개발과 사업화를 일으키는 스타트업이 많아지고 있다. 빌 게이츠의 BEV처럼 기후기술에 집중하는 벤처 캐피탈이 투자하는 기업들이 대표적인 예다. 묵묵히 자신의 길을 가는 이들의 행보를 주시하면 돈의 흐름이 어디로 향하는지 그 힌트를 얻을 수 있을 것이다.

제8장

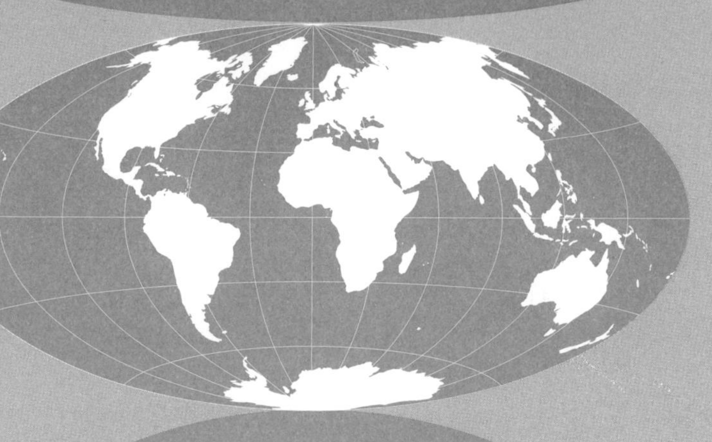

기후기술로 본 미래: 기후 위기 문제와 기후기술이 가져올 긍정적인 변화

기후 위기와 기후기술은
어떤 미래를 가져올까?
개인은 탄소세로 제품과 서비스의
가격이 상승하는 현상을 겪을 것이다.
기업은 정부의 혜택과
소비자의 선택을 위해
기후기술에 더 주목하게 될 것이다.
어떤 미래든 중요한 것은 그 미래가
도래할 날이 머지않았다는 것이다.

다양한 분야에서 기후기술이란 이름으로 많은 시도가 이루어지고 있다. 또 우리 삶에 많은 부분 차용되며 발전하고 있다. 그럼에도 아직까지 기후기술에 큰 관심이 미치지 못한 까닭은 현재의 편리함과 빠른 속도에 길들여져 이것들을 포기하기 싫은 우리의 이기심 때문이 아니었을까?

이제부터라도 미래의 모습을 바꾸기 위해, 기후기술을 적극 도입하고 발전시켜 나가야 한다. 이번 장에서는 현실을 직시하고 인정하는 것을 시작으로 예상되는 미래의 모습을 조심스럽게 전하고자 한다.

탄소세가 부과되는 것이 당연해지는 미래

제품, 서비스 생산의 전 단계별로 발생하는 탄소량 및 온실가스 발생량을 측정하여, 각국의 규제와 기준 아래 탄소세가 발생할 것이다. 이미 탄소세를 수취하는 국가들도 있다. 각국의 기본소득 논의와도 맞물려 탄소세를 기본 세금으로 포함한다는 논의가 깊어질 것이다.

내야 할 세금이 늘어남에 따라 개인은 실질적인 소득이 줄어든 효과를 보게 된다. 기업은 탄소세를 고려한 예산 및 예비비 측정으로 사업성이 떨어지게 된다. 전체 사회가 고비용 구조로 변화하게 되며, 탄소를 적게 배출하는 제품, 기업이 소비자의 선택을 받게 될 것이다.

지금과 동일한 제품, 서비스라고 할지라도 가격이 더 상승하게 되는 미래

인플레이션의 이유뿐만 아니라, 그동안 세세히 관리되지 않았던 공급망 내 탄소 발생량 관리(Scope 1~3 공시 요구), 책임 경영에 따른 기업 리스크 관리 측면에서 추가 원가 확보 등으로 제품과 서비스의 지속적인 가격 상승이 예상된다.

개인의 입장에서는 이제 모든 제품, 서비스에 온실가스와 관련된 추가 비용이 포함된 것을 자연스럽게 인지하고, 그럼에도 가격 메리트가 있는 제품, 서비스가 있다면 의문을 품게 될 것이다. 나아가 기후 기술로 혁신을 이루어내고 진정 노력하는 기업에 충성도가 더 높아질 것이다. 기꺼이 조금 더 큰 금액을 지불하더라도 친환경 제품, ESG에서 중요하게 생각하는 규범을 잘 지키는 기업을 선호하는 것이 뉴노멀이기 때문이다.

지금의 기업 환경은 ESG로 일컬어지는 기업의 가치 평가 표준이 변화하는 과도기이자 규제·공시에 적극적으로 대응해야 하는 시대다. 이에 따라 제품 및 서비스의 수준과 가격은 지속적으로 높아질 수밖에 없는 구조로 변화하고 있다. 2026년부터 자산 2조 원 이상의 코스피 상장사를 중심으로 ESG 공시를 단계적으로 의무화해서, 모든 코스피 상장사로 ESG 공시 의무화를 확대할 예정이다.

기업 입장에서는 2025년에 시행될 ESG 공시가 1년 늦춰져 안도의 숨을 내쉬는 곳도 있을 것이다. 하지만 나아가야 할 방향은 이미 정해져 있다. 그 기간에 얼마나 더 단단히 준비하는지에 따라 산업의 판도가 바뀔 것이다.

리스크를 잘 해결하고 본연의 자리를 수성하는 것도 하나의 전략이다. ESG는 수성의 개념이 아니라 이를 기반으로 제품, 서비스를 향상하도록 관점을 바꾸고 변화할 기회라는 것을 이해해야 한다.

기후기술에 투자하는 기업에게 각종 혜택이 주어지는 미래

넷제로는 정부의 노력만으로는 매우 달성하기 어려운 도전적인 목표다. 온실가스 배출의 큰 부분을 차지하는 기업의 감축 활동을 장려하는 다양한 제도와 세제 혜택이 기대된다.

기업의 지속적인 성장과 생존을 위해서 온실가스 감축 목표를 달성하는 것은 매우 중요한 선결 조건이다. 분야별로 세심하게 설계된 세제 혜택의 수혜를 본 기업의 성공 사례가 나올수록 국가 경쟁력의 성공 요인이 될 것이다.

세제 혜택뿐만 아니라 다양한 보상과 연계해 공정 개선 및 기술의 진보로 제품 생산 시 발생하는 온실가스를 감축·제거하고, 외부 상쇄 사업으로 온실가스 감축에 힘을 쏟는 기업의 활동이 더욱 장려된다.

기후기술은 상용화 단계까지 많은 실증과 자금이 투여된다. 따라서 정부의 세제 혜택, 지원 사업은 기후기술을 발전시키는 큰 촉매제가 될 것이다. 꾸준히 정부가 그리는 미래 에너지, 온실가스 감축, 적응 기술 계획에 실질적인 목소리를 내고, 기후 위기가 촉발한 또 다른 차원의 경쟁에서 뒤처지지 않도록 민관이 함께 움직여야 한다.

기후 위기로 인한 또 다른 경쟁이 가속화되는 미래

EU에서 촉발된 탄소국경세 같은 규제사항이 경제 공동체의 이익을 대변하는 힘으로 과시되고 있다. 우리의 가장 큰 무역 상대인 미국, 중국도 이와 관련한 제도와 세제 편성을 위한 국가적 움직임이 바쁘게 포착되고 있다.

기업 활동으로 배출되는 온실가스의 전 과정이 모니터링되고 이를 데이터로 축적해 관리하는 것이 필수 사항이 되었다. 따라서 유예 기간에 이러한 변화의 체계가 자리 잡히지 않는다면 기업 경쟁력 저하로 귀결될 수밖에 없다. 기업 본연의 핵심 기술(제품 생산과 R&D에 필요한 기술)을 확보하는 것 외에도 온실가스 감축을 위한 또 다른 지출을 위한 비용을 확보하는 것이 뉴노멀이 되었다. 나아가 기업의 근본적인 체질 개선과 변화를 요구하고 있다.

2026년 CBAM의 시행을 앞두고, 이미 EU가 만들어놓은 기울어진 운동장에서 어떤 준비를 하고 대응을 해야 하는지에 대한 의견들이 분분하다. 한국뿐만 아니라 EU와 수출입을 하는 모든 국가가 동일하게 새로운 과제를 얻은 것이다.

제품 공정상 효율을 추구하고, LCA 및 Scope 1~3까지의 촘촘한 관리 수준을 증명한다고 해도, EU는 또 그들의 유리한 포지션을 이용해 시장을 좌지우지할 것이다. 초격차의 수준으로 다른 경쟁자들도 준비하고 있기에 전 세계 변화하는 규제 사항, 법률, 공시 제도에 대한 발 빠른 대처가 중요해졌다. 또 이는 기업의 경쟁력으로 작용할 것이다.

기후 위기로 고통받는 지역의 불안정성이 전 세계의 위기가 되는 미래

"작은 섬나라, 건조한 산악지대 국가, 저지대 연안 국가 등은 기후 변화에 더욱 취약할 수밖에 없다. 극단적 기상 이변, 해수면 상승, 농업 생산성 하락 등으로 위험에 처한 국가들은 대부분 아시아와 아프리카, 남아메리카에 위치한 개발도상국과 최빈국이다. 하지만 이러한 국가들은 기후 변화의 원인인 온실가스 배출량이 매우 적다."[46]

기후 변화가 초래한 물리적 위협(폭염, 홍수, 산불 등)으로 보금자리를 잃고 식량 위기에 처하며 삶의 터전을 위협을 받는 나라가 속출한다면 어떤 문제가 발생할까? 가장 기본적인 삶의 터전이 흔들리면서 지역 간 분쟁이 심화되고, 전쟁도 더 자주 발발할 것이다. 이러한 갈등의 결과로 기후 난민이 등장하고, 더 안정적이고 편안한 삶을 영위할 수 있는 지역으로 사람이 몰릴 것이다. 이로 인해 사회적 혼란이 가중되는 미래가 예상된다.

다 같이 지구가 준 혜택을 누리며 공존하는 방법을 어디서 찾을 수 있을지 고민하고 이를 위해 수단과 방법을 가리지 않아야 한다. 그 일환으로 COP27(제27차 UN 기후 변화 협약 당사국 총회)에서 기후 변화로 이상 기후, 해수면 상승 등의 피해를 본 개발도상국에 선진국이 별도의 보상을 하는 '손실과 피해' 기금 조성이 합의되었다. 그러나 아쉽게도 구체적인 사안에 대한 논의에 난항이 거듭되면서 개발도상국들의 불만이 쌓이고 있다.

이렇게 기후 위기가 초래한 불평등에 따라 '기후 정의'에 대한 논의가 중요하게 다루어질 것이다. 또 개인, 시민단체, 국가 간 논의로 확대되며 더 나은 삶을 함께 누릴 수 있는 실질적 방안을 더욱 치열하게 모색할 것이다.

넷제로 2030, 2040, 2050을 달성하기 위한 순조로운 전환 논의가 활발해질 미래

여기서 전환은 기후 관련 활동에서 화석연료에서 신재생에너지로의 전환, 친환경 기술의 도입, 탄소중립화 및 지속 가능한 생활 방식의 채택과 같은 변화 과정을 나타내며, 기후 위기에 대응하고 탄소 배출을 줄이는 데 중요한 역할을 한다.

모든 내연 기관차를 전기차로 향후 몇 년 안에 100% 전환할 수 없듯이, 초단기, 단기, 중기, 장기의 실행 가능한 목표를 달성하기 위해 징검다리 제도, 연계 기술에 대한 논의가 활발해질 것이다.

EU는 연료의 전환에 있어 최종 목표를 달성하기 위한 중간 목표를 설정하고 그에 따른 기술 개발을 독려하고 있다. 한 번에 다다를 수 없다면 가장 효율적으로 달성할 수 있는 부분으로 나누고 달성 가능한 목표를 갖도록 하여 목표에 완주할 수 있는 의지를 계속 북돋우는 것이다. 중간 목표를 달성하는 과정에서 중첩되며 벌어지는 기술의 진보가 더 나은 미래를 기대하게 할 것이다.

2025년부터 EU는 SAF를 의무화하기로 했다. 이에 따라 항공사들은 2025년부터 5년 주기로 친환경 연료 비중을 점차 늘려 2050년에는 70%까지 비율을 높여야 한다.

SAF에 사용되는 친환경 연료로는 바이오연료, 재활용 탄소연료, 합성연료 등이 포함되므로, 화석연료 사용이 매우 높은 항공 부문의 비용을 낮추고 기후 변화 대응책의 핵심 원동력으로 작용할 것으로 보인다. 그러나 생산 비용이 화석연료보다는 높기 때문에 생산 비용에 대한 경제성이 확보될 때까지 유예 기간 및 전환 비율에 대한 도전적인 목표를 설정하고 달성하도록 독려하는 방향으로 에너지 전환에 박차를 가하고 있다.

개인의 제품 및 서비스 구매 패턴 또한 달라질 것이다. 내연기관차 구매를 고려하다가도 향후 세제 혜택, 규제 사항 등을 확인하며 어느 시점에는 고민할 것도 없이 전기차를 구매하게 되는 것이다. 점점 경제성, 편리성의 우선순위에 친환경, 탈탄소, ESG, 지속 가능한 성장 등의 항목이 비교 대상으로 자리 잡게 될 것이다.

기업 역시 넷제로 달성을 위한 순조로운 전환을 위해 현재 집중하던 기술과 BM 구조를 기술, 마케팅, R&C, 인력 구조 등 어떤 연결고리를 통해서 변화시켜 목표에 이를 것인지 많은 논의와 고민을 하게 될 것이다. 분명한 것은 그 속도와 변화의 방식이 예전과는 또 비교할 수 없을 정도로 빠르다는 것이다.

환경 오염을 낮추기 위한 추가적 비용을 기꺼이 지불할 의사를 갖춘 미래

가격이 저렴하다고 제품을 선택하는 시대는 저물고, 환경에 어떤 해악을 미치는지, 그린 워싱 여부까지 확인하고 비교하는 소비의 세대로 진화하고 있다.

현명한 소비의 정의에 대해서 기성세대의 관념을 뒤집어놓는 사례가 다양하게 나타나고 있다. 지구에 도움이 되는 방향으로 움직이는 좋은 기업을 선택하는 것이다.

'지속 가능 패션'이라는 키워드를 앞세운 기업 파타고니아처럼 친환경 행보를 하는 기업이 소비자에게 주목받고 있다. 결국 지속 가능한 성장을 하는 기업, 국가는 이러한 인식의 전환이 만들어줄 것이다.

기후기술을 기반으로 새로운 투자 영역과 시장이 열리는 미래

규제 변화에 속도를 높여 대응하고 온실가스 저감을 위한 투자를 진행하는 데 기후기술은 미래의 투자를 이끄는 핵심 키워드가 되고 있다. 전략적 우위에서 시간을 벌고 격차를 계속 만들기 위해서 지금 이 순간에도 기후기술 기반의 새로운 기회와 시장이 계속 열리고 있다.

마이크로소프트, 구글, 아마존Amazon 등의 ICT 대기업들은 기후기술을 활용하여 온실가스를 감축하는 스타트업에 투자하고 크레딧을 선도 구매하며 기후 리더의 모습으로 스스로 포지셔닝하고 있다. 일찌감치 넷제로를 달성하고 재생에너지 확충까지 광폭 행보를 보이며 산업을 선도하는 것을 넘어, 기후 리딩 기업이 되고자 한다.

해당 기업을 배우고 싶어 하고, 따라가고자 하는 트렌드뿐만 아니라 그 기업의 제품을 선호하게 되는 선순환이 굳어지면 후발주자들은 그저 따라 하기에도 벅찰 것이다. 그들이 만든 길을 따라가는 추적자로만 남을 것인지, 그들을 뛰어넘을 것인지 그 아이디어를 기후기술에서 찾아보자.

유럽의 에너지 전환은 러시아-우크라이나 전쟁이 매우 큰 기폭제가 되었다. 기후 위기에 대한 빠른 대응과 기후기술 분야의 적극적인 투자로 천연가스의 제한적 공급에도 재생에너지를 통한 안정적 에너지 전환을 이끌어냈다. 이러한 기술적 우위와 자신감은 향후 타 국가

보다 많은 기회를 선점할 것으로 예상된다.

기술과 자본이 부족한 개발도상국의 경우는 선진국의 도움 없이는 온실가스 감축, NDC 달성 등에서 국제 사회의 일원으로 기여하는 데 어려움이 있다. 향후 선진국이 개발도상국과 협업할 때 기후기술이 논의의 장을 열고 협상의 우위를 얻는 열쇠가 될 것이다.

기후기술과 함께 VCM이 신뢰성을 확보하며 성장하는 미래

VCM은 온실가스를 감축하는 데 필요한 다양한 기후기술을 과학적 방법론을 기반으로 실제 사업을 검증하고 감축 활동을 진행하는 토대를 제공한다. 이에 따라 기업은 신규 방법론을 제안하고, 해당 방법론의 원작자로서 명성을 쌓고, 때로는 로열티를 얻을 수 있다.

그러려면 기업 스스로 온실가스 감축, 제거를 투명하게 관리해야 한다. 감축 사업 모니터링 내용을 공개하고, 진정성 있는 노력의 결과는 크레딧으로 보상받는다. 기업의 넷제로 달성에 인증받은 크레딧을 사용하거나 필요로 하는 기업에게 판매하면서 또 다른 수익원이 될 수 있기에 VCM 참여는 기회가 될 것이다. 기후기술과 VCM이 함께 신뢰성을 쌓으며 성장할 때 이해관계자의 더 많은 참여와 기후기술의 상용화까지의 실증적 결과를 이끌어내며 '윈-윈' 할 수 있다.

기부의 격이 달라지는 미래

다양한 기부 문화, 제도가 있지만 앞으로는 개인 또는 기업이 크레딧, 온실가스 배출권, 온실가스 감축 보상 등을 구매하고 소각하면서 기부를 하는 문화가 널리 펼쳐질 것으로 예상된다. 지속 가능한 삶을 위해 지구를 건강하게 후손에게 물려준다는 선의의 실행이 또 다른 모습으로 확산하며 개념 있는 마케팅의 홍보 수단의 필수 요소로 자리 잡을 것이다.

현재 기부 금액에 따라 연말정산 또는 종합소득세 신고시 세액 공제를 받듯이, 크레딧을 구매하고 본인의 탄소 배출량을 상쇄하는 것으로 세액 공제를 받게 된다면 어떨까? 개인의 온실가스 배출과 상쇄에 많은 관심을 유도하고, 크레딧 판매 수익의 일부가 탄소 감축 사업의 또 다른 재원으로 사용되는 선순환을 만들어낼 수 있을 것이다.

미래에 대한 예상은 언제나 불확실성으로 가득 차 있지만, 기후기술을 통해서 본 미래는 많은 오차를 두지 않을 것 같다. 위기를 기회로 바꾸는 전략을 기후기술에서 찾았으면 하는 나의 바람과 통찰이 잘 전달되었기를 기대해본다.

마치며

지식을 명확히 전달하고 이 책을 선택한 독자의 시간에 보답할 수 있는 통찰력을 드리고자 많은 고민으로 채운 시간이었다. 빠르게 지나간 한 해를 되돌아보며, 점점 기후 변화에 대한 위기감으로 삶의 근본이 흔들리는 것을 체감한다.

기후 재난으로 우리 삶은 지금보다 더 가혹하게 변화할 것이라는 예상이 들어맞았다. 하지만 이 어려움을 해결할 구체적이고 실질적인 방안을 찾기 위한 노력 또한 더 가속화되고 있다. 바로 그 중심에 기후기술이 있다.

기후기술의 한가운데서 많은 도전과 어려움을 함께하는 학자, 기술 중심의 연구자, 사업가, 실천가들과의 토론과 지속적인 네트워킹으로 스스로 확신을 가지게 된 점이 이 책을 쓰며 얻은 성과다.

초기의 기후기술을 위한 연구부터 실용화 단계를 거쳐 실제 산업에 적용하기까지 모든 과정이 쉽지는 않다. 그러나 지금의 도전과 작은 성과들이 앞으로의 기후기술의 이정표가 되고 성공 사례가 되어, 전 인류에 도움이 되는 큰 변화를 이끌고 있음에 자부심을 느꼈으면 한다. 힘들고 외로운 길을 가고 있는 기후기술과 관련된 많은 선구자들을 응원하고 싶다.

식상할 수도 있는 기후 위기에 대한 이야기를 위험과 비용의 요인으로만 다루고 싶지 않았다. 이 위험을 선제적으로 대비하여 혁신을 이루고 성과를 낼 수 있다는 것을 알리고 싶었다. 기후 위기로 인한 여러 문제를 해결하고 대응하는 것을 넘어, 비지니스 혁신, 성장의 새로운 기회 영역으로 기후 위기를 바라보는 관점을 바꾸는 데 일조하고 싶었다.

기후기술을 통해 지구온난화를 늦추는 데 기여할 수 있는 분야를 확인하고, 실질적인 행동으로 연결했으면 한다. 넷제로를 달성하기 위해 앞장설 수 있는 부분을 공론화하고 더 큰 힘을 싣고자 한다. 이 책이 그 담대한 논의의 기폭제가 되고, 기후기술에 대한 많은 관심으로 이어지기를 희망한다.

오랜 동안, 소중한 한 권의 책에 많은 논의와 인사이트를 담기 위해 노력하는 나의 발걸음을 진심으로 응원해준 소중한 Ravi, 가윤에게 감사의 인사를 전하고 싶다.

문승희

참고문헌

1. 〈기후기술 국가연구개발사업 조사 · 분석 보고서〉, 녹색기술센터, 2022.08.
2. 오채운, 안세진, 민경서, 〈기후 변화 대응 기술 용어 개념의 특징과 상호 연관성에 대한 연구〉, Journal of Climate Change Research 2021, Vol. 12, No. 4
3. 김은아, 〈플라스틱 순환경제 시나리오와 미래전략〉, 국회미래연구원, 2023.04.10.
4. PWC 삼일회계법인, 〈Net Zero Economy Index 2022〉, Samil PwC., 2022.
5. "Carbon Market Company Overview", Sustaim, October 2022.
6. "2023 market map of the new voluntary carbon market", Puro.earth, 2023.04.
7. "Global Cleantech 100 - From Commitments to Actions: The Sprint to Net Zero is On", Cleantech Group, 2023.01.
8. 〈임팩트 리포트 2023〉, 인비저닝 파트너스, 2023.
9. "HGI Impact Report 2022", Holistic Growth Initiative, 2022.
10. "Global Electricity Review 2023", Ember, 2023.04.
11. Andreas Graf, Murielle Gagnebin, Matthias Buck, "Breaking free from fossil gas - A new path to a climate-neutral Europe", Agora Energiewende, 2023.05.
12. "Net Zero by 2050 from whether to how", Agora Energiewende, 2018.09.
13. 조지혜, 김영희, 〈순환경제를 위한 '지속 가능한 제품 설계' 정책의 해외 주요 동향 및 시사점〉, 한국환경연구원, 환경포럼 제26권, 2022.12.31.
14. 허승준, 윤슬기, 〈탄소중립을 어떻게 달성할 수 있을까? - 환경성과 기반 인센티브 메커니즘(EPC) 제안〉, CSES, 2022.08.
15. 〈녹색기후기술백서 2019〉, 녹색기술센터, 2019.02.
16. "The voluntary carbon market: 2022 insights and trends", Shell and BCG, 2023. 01.

17. "The voluntary carbon market: 2022-2023", South Pole, 2023.04.
18. "The Evolving Voluntary Carbon Market", IETA, 2023.03.
19. Dounia Marbouh, Kris Stern, "Voluntary Carbon Offsets: An Empirical Market Study", SSRN Electronic Journal, 2021.01.
20. 김이진, 류현정, 〈ESG 평가체계 현황 분석 연구, 환경영역 E을 중심으로〉, 한국환경연구원, 2021.11.30.
21. 〈환경성 평가체계 가이드라인〉, 환경부, 한국환경산업기술원, 2022.02.18.
22. 〈탄소중립, 녹색성장 국가전략 및 제1차 국가 기본계획(중장기 온실가스 감축목표 포함)〉, 관계부처 합동, 2023.04.
23. 온실가스 배출경로에 따른 기후 변화 피해비용 분석, 〈KEI포커스〉, 한국환경연구원, 2020.07.31.
24. 〈한국형 탄소중립 100대 핵심기술 확정, 본격적인 탄소중립 기술개발 청사진 제시〉, 과학기술정보통신부, 2023.05.18.
25. 〈기후 변화 2021 과학적 근거 - 기후 변화에 관한 정부간 협의체(IPCC) 제6차 평가 주기(AR6) 제1실무그룹 보고서〉, IPCC, 2021.08.07.
26. "The State of Climate Tech 2020 - The next frontier for venture capital", PWC, 2020.09.09.
27. "State of Climate Tech 2021 - Scaling breakthroughs for net zero", PWC, 2021.
28. 이준희, 〈ESG경영의 핵심: 이해관계자 통합 관점의 신뢰경영〉, 법무법인 지평, 2021.07.15.
29. 이준희, 〈한국기업들의 ESG 경영을 위한 변화-ESG 경영의 개념과 접근 방법〉, 딜로이트 안진회계법인
30. 〈중소중견기업을 위한 ESG 통상 정책、규제 대응 핸드북〉, Kotra 대한무역투자진흥공사, 2022.12.
31. 〈지구온난화 1.5℃〉 SPM 주요 내용, 기상청 기후정책과, 2018.10.
32. 김형주, 명수정, 윤진호, 손범석, 〈Green-Tech Issue Analysis Report - IPCC 1.5도 보고서의 함의 및 시사점 분석〉, 녹색기술센터, 2018.12.

33. 이대원, 〈기후기술기업 지원 선진사례 및 시사점〉, KDB미래전략연구소, 2018.09.
34. 김상아, 〈Scope 3 온실가스 배출량 공시 의무화 동향〉, KDB미래전략연구소, 2023.06.19.
35. 김현진, 〈글로벌 기후적응 격차 현황〉, KDB미래전략연구소, 2023.04.17
36. 김현진, 〈신 EU 기후적응 전략의 주요 내용〉, KDB미래전략연구소, 2021.10.25.
37. 김혜련, 〈기후기술의 부상과 새로운 기회〉, Deloitte Insights, 2022.
38. "2020 Tesla Impact Report", Tesla, 2020.
39. 민성희, 〈항공업계 환경규제와 SAF 시장 확대 전망〉, KDB미래전략연구소, 2022.11.28.
40. 〈한경ESG〉, 한국경제신문, 2023년 03, 04, 05, 06, 07월호
41. 〈2022 Integrated Report of Doosan Enerbility〉, 두산에너빌리티, 2022.07.
42. 송예원, 오채운, 〈직접대기탄소포집 · 저장(DACCS) 기술에 대한 한국 R&D 정책 방향성 연구: DAC 기술 중심으로〉, 녹색기술센터, 2022.01.13
43. 삼정KPMG경제연구원, 〈ESG 정보공시 의무화 시대, 기업은 무엇을 준비해야 하는가?〉, Samjong Insight, Vol.86, 2023.
44. Michael Wolf, 〈세계 무역을 재편하는 탄소국경조정세〉, Deloitte Insight, 2021.06.
45. 이지웅, 〈탄소세를 기본소득으로?: 탄소세 도입을 둘러싼 쟁점들〉, 인사이트 2050-10, 2021.10.19.
46. 이정연, 〈Green Commodity: 이제는 탄소 배출권도 '원자재'〉, MERITS Strategy Daily 전략공감 2.0, 2021.07.21.
47. "CDM METHODOLOGY BOOKLET - Fourteenth edition", UNFCCC, 2022. 12.
48. 〈국가 탄소중립녹색성장 기본계획(안)〉, 2023.03.
49. 〈IPCC 제6차 평가보고서를 기반으로 한 기후기술 정책 대응 연구〉, 국가녹색기술연구소, 2022.12.

50. 〈2021년 기후기술 산업통계〉, 녹색기술센터, 2022.12.
51. "The Future of Climate Tech - A look at the technologies driving a sustainable future", Silicon Valley Bank, 2023.06.
52. 〈2050 탄소중립 시나리오안〉, 관계부처 합동, 2021.10.18.
53. 〈ESG Handbook - Environmental〉, CSES, 2021.02.24.
54. Hugh Barlow, Shahrzad S M Shahi, Matthew Loughrey, "STATE OF THE ART: CCS TECHNOLOGIES 2023", Global CCS Institute, 2023.07.
55. Simon Puleston Jones, "An introduction to carbon markets", Climate Solutions and Simmons & Simmons, 2023. 02.
56. "Task Force on Climate-related Financial Disclosures Guidance on Scenario Analysis for Non-Financial Companies", TCFD, 2020.10.
57. "Carbon Dioxide Removal Report - Summer 2023", AlliedOffsets, 2023.06.
58. "Trust and safety", Patch, 2023.08.
59. 〈미국 ESG 트렌드와 공급망에 주는 시사점〉, KOTRA, 2023.08.01
60. "The Future of Climate Tech - A look at the technologies driving a sustainable future", Silicon Valley Bank, 2023.06.
61. 정현우, 한언지, 〈탄소상쇄(Carbon Offset) 거래 시장 확대 및 필요 인프라〉, 한전경영연구원, 2023.06.23.
62. "Driving Carbon Removal Forward: Continued Growth, Pathway Insights, and Pricing Perspectives", Carbonx Climate, 2023.07.11.
63. 신동형, 이재성, 〈새로운 혁신 성장 방안 딥테크, 비지니스 모델 혁신에서 기술 혁신으로〉, 한국지능정보사회진흥원, 2023.04.
64. KPMG전략그룹, 〈글로벌 ESG 정보공시 동향과 대응전략〉, 삼정KPMG, 2023.10.25.

미주

1. 탄소중립녹색성장위원회, '탄소중립실현, 기후테크가 해답이다.' 2023.03.22.
2. IPCC 제5차 AR 리포트
3. 국가지표체계, "환경부, 「국가온실가스통계」 기반 데이터"(https://www.index.go.kr/unify/idx-info.do?idxCd=4288)
4. 온실가스 배출경로에 따른 기후 변화 피해비용 분석, 〈KEI 포커스〉, 2020.07.
5. 국가지표체계(https://www.index.go.kr/unify/idx-info.do?idxCd=4288)
6. "법무법인 세종, EU의 新공급망 리스크에 대비해야: 탄소국경조정(CBAM) 및 외국보조금(Foreign Subsidy) 관련 규정 검토", 2023.06.08. (https://www.shinkim.com/kor/media/newsletter/2123?page=0&code=&keyword=)
7. 두산백과 두피디아
8. "블랙록의 2030년 탄소중립 선언(BlackRock's 2030 net zero statement)", 〈조선 미디어 더 나은 미래〉 (https://futurechosun.com/archives/64036)
9. "블랙록, "운용자산 75%, 탄소중립 기업에 투자할 것", 〈조선 미디어 더 나은 미래〉, 2022.04.15. (https:// futurechosun.com/archives/64036)
10. UNFCCC, 2015, p.2; TEC(Technology Executive Committee), 2017, p.6
11. IPCC, 2014a, p. 125
12. TEC 2018
13. IPCC 2007b, p. 76
14. 〈기후 변화 대응 기술 용어 개념의 특징과 상호 연관성에 대한 연구, Journal of Climate Change Research〉, Vol. 12, No. 4, 2021.
15. https://post.naver.com/viewer/postView.naver?volumeNo=33216711&memberNo=18265860&vType=VERTICAL)
16. KLIC, 2011.
17. Juma, 1994

18. https://www.nigt.re.kr/
19. https://gesia.io/files/16.KR_How_Direct_Air_Capture_Works_(And_4_Important_Things_About_It).pdf
20. "[키워드 브리핑] 대기 중 탄소 잡는 '탄소직접공기포집(DAC)' 기술이 뜬다", 〈조선 미디어 더 나은 미래〉 (https://futurechosun.com/archives/74970)
21. "[키워드 브리핑] 대기 중 탄소 잡는 '탄소직접공기포집(DAC)' 기술이 뜬다", 〈조선 미디어 더 나은 미래〉 (https://futurechosun.com/archives/74970)
22. "[키워드 브리핑] 대기 중 탄소 잡는 '탄소직접공기포집(DAC)' 기술이 뜬다", 〈조선 미디어 더 나은 미래〉 (https://futurechosun.com/archives/74970)
23. https://www.wri.org/initiatives/climate-watch
24. https://www.nrc.re.kr, https://url.kr/uc5x9z, https://url.kr/l4txjf
25. https://www.global-climatescope.org
26. https://www.global-climatescope.org/tools/geography-comparison
27. https://www.rethinkx.com
28. https://svhub.co.kr
29. https://www.tesla.com/ns_videos/2020-tesla-impact-report_kr.pdf)
30. https://www.neste.com/sites/neste.com/files/image_gallery/refineries/singapore/hangug_polrimeohwahag_saneobyi_jisog_ganeunghan_jeonhwaneun_ geoseureul_su_eobsneun_sidaejeog_heureumibnida.pdf
31. "[CES 2023] "알아서 잡초 뽑고 씨앗도 심는다"…'존 디어' 신기술 탑재한 무인 트랙터 선보여", 〈아주경제〉, 2023.01.07. (https://www.ajunews.com/view/20230107160250134)
32. https://news.microsoft.com/ko-kr/2023/05/17/sustainability_2022
33. "삼성전자, '新환경경영전략' 선언… "2030년까지 7조원 투자", 〈조선 미디어 더 나은 미래〉, 2022.09.15. (https://futurechosun.com/archives/68342)
34. 〈한경ESG〉, 한국경제신문, 2023년 6월호
35. "[지평 · 두루의 환경이야기] 임팩트 투자의 명(明)과 암(暗)", 〈환경일보〉, 2021.06.10. (https://www.hkbs.co.kr/news/articleView.html?idxno=633098)

36. 한경 경제용어사전
37. https://impactclimate.net
38. Shell&BCG 공동 보고서, 〈The voluntary carbon market: 2022 insights and trends〉
39. https://ngms.gir.go.kr/cm/cmz/popup/popup_system_intro3.html
40. https://greenium.kr/greenbiz-industry-vcmi-claims-code-of-practice/
41. 정현우, 한언지, 〈탄소상쇄(Carbon Offset) 거래 시장 확대 및 필요 인프라〉, 한전경영연구원, 2023.06.23.
42. 제26차 유엔기후 변화협약 당사국총회(COP26) 폐막_보도자료, 2021.11.13., 〈국내개발 온실가스 감축기술 국제적 인정〉, 과학기술정보통신부 보도자료, 2020.10.13. (https://cdm.unfccc.int/methodologies/documentation/index.html)
43. 두산백과 두피디아
44. "NH투자증권, 국내최초 바이오차 자발적 탄소배출권 비즈니스 구축", 〈스마트에프엔〉, 2023.02.14. (https://www.smartfn.co.kr/article/view/sfn202302140014)
45. "이지스운용 "상업용 부동산시장에서 탄소중립은 기회"", 〈매일경제〉, 2023.06.05. (https://stock.mk.co.kr/news/view/140896)
46. https://www.humanrights.go.kr/webzine/webzineListAndDetail?issueNo=760597 6&boardNo=7605968)

기후기술의 시대

초판 1쇄 인쇄 2023년 11월 22일
초판 1쇄 발행 2023년 11월 29일

지은이 문승희
펴낸이 이승현

출판1 본부장 한수미
와이즈 팀장 장보라
편집 진송이
디자인 신나은

펴낸곳 ㈜위즈덤하우스 **출판등록** 2000년 5월 23일 제13-1071호
주소 서울특별시 마포구 양화로 19 합정오피스빌딩 17층
전화 02) 2179-5600 **홈페이지** www.wisdomhouse.co.kr

ISBN 979-11-7171-046-1 03320